Wolfgang Berke
Jan Zweyer

Echt kriminell

Die spektakulären Fälle aus dem Ruhrgebiet

KLARTEXT

Echt kriminell
Wolfgang Berke & Jan Zweyer
1. Auflage Februar 2012
Klartext Verlag, Essen
ISBN: 978-3-8375-0705-8
Gestaltung: medienbüro -ruhr-
Druck und Bindung: Drukkerij Wilco, Amersfoort (NL)

Fotos: siehe Seite 155

Inhalt

Was kommt eigentlich dabei heraus, wenn ein Sachbuch- und ein Krimiautor etwas zusammen schreiben wollen? Na klar – ein Buch über wahre, echte Verbrechen. Und wenn beide Autoren auch noch im Ruhrgebiet leben und arbeiten, liegt es nahe, sich der Taten anzunehmen, die sich in dieser Region ereignet haben. **Echt Kriminell – Die spektakulären Fälle aus dem Ruhrgebiet** ist das Ergebnis dieser Zusammenarbeit.

Die Idee lieferte eine kleine Zeitungsnotiz, in der über einen Herrenklub im London des ausgehenden 19. Jahrhunderts berichtet wurde. Engländer waren (und sind) dafür berühmt, manchmal ziemlich skurrile Ideen zu pflegen. So auch in diesem Klub: Dessen Mitglieder führten ernstgemeinte Diskussionen über die recht zahlreichen Verbrechen in der britischen Hauptstadt. Und bewerteten die Tat hinsichtlich Ausführung, Tatwerkzeug oder Entdeckungsgefahr – mit Noten. Sehr schräg, isn't it?

Wir leben nicht in England und nicht mehr im 19. Jahrhundert – schon deshalb verbieten sich die Benotungen. Aber wenn man in Gesellschaft mal ein Stichwort zu einem bekannten Verbrechen fallen lässt, hat man sofort eine muntere Diskussion entfacht. Bald diskutieren die meisten mit, immer neue Fälle machen die Runde: *Könnt Ihr Euch daran noch erinnern*?

Hier ist unsere Sammlung von Verbrechen im Revier, die für uns auf die eine oder andere Art spektakulär sind. Natürlich völlig subjektiv, andere Autoren würden vermutlich anderes auswählen. Und nicht jeder der in diesem Buch enthaltenen Fälle beschäftigt sich mit Mord oder anderen Kapitalverbrechen: Da gibt es auch die Story über den ziemlich dämlichen Überfall auf eine Spielhalle ebenso wie die Geschichte des „Ölkönigs" von Wanne-Eickel.

Wir wünschen spannende Lektüre!

Wolfgang Berke und **Jan Zweyer**

Oktober 1928

Blaupause für das Gladbecker Geiseldrama

Die Irrsinns-Flucht der Heitger-Brüder

Als hätten sie das Drehbuch für Hans-Jürgen Rösner und Dieter Degowski geschrieben: Die Heitger-Brüder lieferten sich 60 Jahre vor dem Gladbecker Geiseldrama eine ebenso mörderische Jagd mit der Polizei, selbst die Schauplätze sind zum Teil identisch. Das Gladbecker Geiseldrama finden Sie auf Seite 50, hier ist die mittlerweile vergessene Geschichte der Heitger-Brüder.

Diese begannen ihr mörderisches Treiben ebenfalls in Gladbeck. Am 20. Oktober 1928 überfielen Heinrich und Johann Heitger zusammen mit ihrem Komplizen Karl Lindemann bis an die Zähne bewaffnet eine Reichsbank-Filiale. Ihre anschließende Flucht wurde zunächst in Essen gestoppt. Dort schossen sie sich den Weg frei, töteten dabei einen Polizeibeamten und flüchteten nach Köln. Dazu kaperten sie Fahrzeuge mit vorgehaltener Waffe, die sie auch gebrauchten, wenn ihnen Widerstand geleistet wurde.

Als die Polizei in Köln ihren Schlupfwinkel ausfindig gemacht hatte, schickte sie vier Beamte plus zwei Auszubildende los.

Zu wenig für die drei zu allem entschlossenen Flüchtenden. Der Polizei gelang es, die Bankräuber zu überraschen und festzunehmen, wobei Heinrich angeschossen wurde. Mit einem Privatwagen sollten die beiden Heitger-Brüder anschließend zur Wache gebracht werden. Dort kamen sie aber nie an, denn sie schossen unterwegs die sie begleitenden Beamten nieder und flüchteten erneut. Nachdem sie auch noch einen Autofahrer getötet hatten, um seinen Wagen zu bekommen, hatte ihre Flucht bereits fünf Opfer gekostet.

Mittlerweile machte die Kölner Polizei mit einem Großaufgebot Jagd auf die Heitger-Brüder. Auch die Medien, sprich: die Zeitungsredaktionen, waren nun mit im Boot. Der Fall schwappte über Köln hinaus und sprach sich wie ein Lauffeuer herum. Die Heitgers blieben zunächst einmal verschwunden; erst am dritten Tag ihrer dramatischen und mörderischen Flucht wurden sie in den Abendstunden von Passanten entdeckt. Bevor die Polizei zugreifen konnte, flüchteten die Brüder erneut und kaperten schließlich eine Straßenbahn. Nachdem sie Personal und Fahrgäste dazu gezwungen hatten, die Tram zu verlassen, rasten sie mit der Bahn durch Köln. Heinrich Heitger stand dabei auf der hinteren Plattform und feuerte aus allen Rohren auf die Verfolger.

Wieder entwischten die Heitgers ihren Häschern, sprangen von der Bahn und tauchten in Grünanlagen unter. Der Ring der Verfolger zog sich immer enger, sodass die Brüder schließlich aus einem Gebüsch heraus das Feuer eröffneten und begannen, sich den Fluchtweg frei zu schießen. Während Heinrich bei der Schießerei tödlich verletzt wurde, verschwand Johann wie vom Erdboden verschluckt.

Zwei Tage lang hielt er sich in der Dachrinne einer Villa versteckt. Am dritten Tag wurde er entdeckt und von der Polizei sofort unter Beschuss genommen. Es brauchte allerdings noch einige Handgranaten, bis Johann Heitger schwer verwundet aufgab. Wenig später erlag er seinen Verletzungen.

Mörder und Mythen

Der Daube-Mord in Gladbeck

Am Donnerstag, dem 22. März 1928 wurden in der Gladbecker Schultenstraße 11, gegen halb vier Uhr morgens der Rektor der Lutherschule, Adolf Daube, und seine Frau durch laute Hilferufe aus dem Schlaf gerissen. Als Frau Daube meinte, die Stimme ihres Sohnes erkannt zu haben, stand Adolf Daube auf und fand das Bett seines Sohnes unberührt vor. Da er aber glaubte, dieser sei auf der Versammlung einer Burschenschaft, beruhigte er seine Frau und das Ehepaar ging wieder zu Bett.

Auch ein weiterer Bewohner war durch die Rufe aufgewacht: Rektor Deese, im selben Haus wie die Daubes wohnend. Er sah aus seinem Schlafzimmerfenster eine groß gewachsene Gestalt, die sich erhob, zur gegenüberliegenden, unbeleuchteten Straßenseite eilte und dann in der Dunkelheit verschwand. Er hielt die Person für einen späten Zecher aus der gegenüberliegenden Kneipe.

Auf dem Weg zur Frühschicht auf der Zeche passierte etwa eine Stunde später der Pförtner Fritz Bauer mit seinem Sohn die Schultenstraße. An der Ecke Gonheide lag eine leblose Person auf der Straße, die die beiden Männer zunächst für einen Betrunkenen hielten und zum Aufstehen bewegen wollten. Beim Versuch, dem Hilflosen beizustehen, erkannten sie, dass sie ein Mordopfer gefunden hatten: den 19-jährigen Abiturienten Helmut Adolf Daube.

Daube war bestialisch zugerichtet worden. Seine Kehle war durchschnitten, sein Gesicht und der restliche Körper wiesen zahlreiche Schnittverletzungen auf. Schließlich hatte der Mörder seinem Opfer die Hose heruntergezogen und das Geschlechtsteil samt der umgebenden Haut abgeschnitten. Bauer schickte seinen Sohn zur Schultenstraße 9, um den Arzt Dr. Lutter zu holen.

Weitere 50 Minuten danach traf die Polizei ein, kurz darauf die Mordkommission. Die Suche im engeren Umkreis des Tatortes nach Tatwaffe und dem abgeschnittenen Genital blieb trotz des Einsatzes eines Spürhundes erfolglos. Das Körperstück sollte nie gefunden werden.

Die Ermittlungen der Polizei ergaben, dass Daube gemeinsam mit anderen Jugendlichen gegen zwei Uhr morgens angetrunken das Hotel zur Post in Buer verlassen hatte, wo das Anwerbetreffen der Burschenschaft stattgefunden hatte. Die Gruppe

So wurde Helmut Adolf Daube gefunden (Polizeifoto)

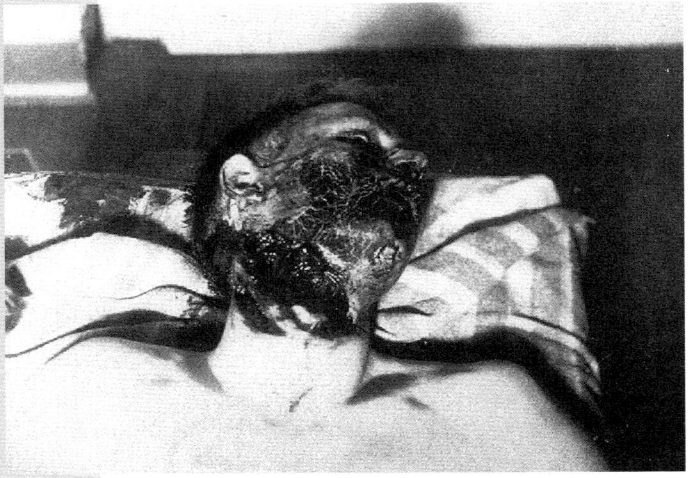

Bestialisch zugerichtet (Polizeifoto)

machte sich auf dem Fußweg nach Hause, wobei seine Freunde einzeln nach und nach die Gruppe verließen, bis nur noch Daubes gleichaltiger Schulfreund Karl Hußmann bei ihm blieb.

Das machte Hußmann zum Hauptverdächtigen. Er wurde zum Tatort gebracht und sagte aus, dass er sich Vorwürfe mache, seinen Freund nicht bis zu dessen Wohnung begleitet zu haben. Als auf seinem Mantel und seinen Schuhen Blut entdeckt wurde, behauptete er, die Blutspuren stammten von einer Katze.

Der Verdacht gegen Hußmann verstärkte sich, als in seinem Zimmer eine Aktentasche mit einem leeren Messer-Etui sichergestellt werden konnte. Hußmann erklärte, das Messer bei einer einige Tage zurückliegenden „Diebesjagd" verloren zu haben. Die Polizei nahm Hußmann fest, musste ihn aber noch im Laufe des Tages auf Anweisung der Staatsanwaltschaft wieder frei lassen.

Das Wohnhaus der Familie Daube: Schultenstraße 11

Einen Tag nach der Beerdigung Daubes am 26. März wurde Hußmann erneut verhaftet. Die Polizei ging mittlerweile davon aus, dass es sich um ein Sexualverbrechen handelte.

Am 28. März suchten die Ermittler im Garten von Hußmanns Pflegevater, dem Rektor Kleiböhmer, nach dem Messer, jedoch ohne Erfolg. Weitere drei Tage später übergab Kleiböhmer seinem Gärtner eine Skizze, die Hußmann angefertigt hatte. Darin war ungefähr die Stelle markiert, an der Hußmann das Messer verloren haben wollte. Der Gärtner suchte, stach den Rasen aus und fand tatsächlich ein Messer. Kriminaltechnische Untersuchungen ergaben, dass das dort gefundene Messer nicht die Tatwaffe gewesen sein konnte, da starke Rostflecken auf einen längeren Verbleib im Freien hindeuteten. Auch die an der Leiche gefundenen Haare konnten nicht Hußmann zugeordnete werden. Vermutlich stammten sie von der Decke, mit der die Leiche zugedeckt worden war.

Umfangreiche Recherchen zum Daube-Mord hat eine Historikergruppe um Franz Wegener angestellt, auf deren Ergebnisse sich auch dieser Artikel stützt: Sabine Kettler, Eva-Maria Stuckel, Franz Wegener: Wer tötete Helmut Daube?, Kulturförderverein Ruhrgebiet, November 2001, ISBN 3-931300-03-X

Das Buch ist auch als kostenloses Hörbuch auf dieser Internetseite erhältlich: http://www.kfvr.de/g1.html

Die Essener Staatsanwaltschaft forderte die Unterstützung Berliner Experten an. Aus der Hauptstadt reiste der Kommissar Ludwig Werneburg an. Dieser konzentrierte sich in den Verhören auf den Lebenslauf Hußmanns und dessen Lebenswandel, da bei den Durchsuchungen seines Zimmers ein Buch des Sexualforschers Magnus Hirschfeld, Mitbegründer einer frühen Homosexuellenbewegung, sichergestellt wurde. Hußmann jedoch blieb bei seinen Aussagen und wurde am 3. April 1928 nach Essen überführt.

Im Prozess ging es dann auch weniger um den Nachweis der Schuld Hußmanns, sondern vielmehr darum, eine Homosexualität des Angeklagten zu belegen.

„In der Urteilsverkündung machte der Richter unmissverständlich klar, daß es nicht in erster Linie um die Erforschung dessen ging, was sich in der Mordnacht tatsächlich ereignete: Es ging vielmehr um die Frage, ob Karl Hußmann nun schwul war – oder nicht. Hätten die Gutachter hier ein klares Urteil fällen können, es wäre sicherlich auch das Urteil über die Frage nach der Täterschaft gewesen. Denn schwul, das war damals – und ist es in vielen Köpfen heute noch – gleichbedeutend mit kriminell und böse." (Quelle: „Wer tötete Helmut Daube", s.o.)

Dass ein Mitabiturient vor Gericht aussagte, Hußmann habe Daube auf einer Rückfahrt aus der Eifel einen Daumen umgebogen und „teuflisch gegrinst“, als dieser schließlich vor Schmerz weinte, passte in dieses Bild. Der Versuch, Hußmann die Tat aufgrund angeblicher Homosexualität nachzuweisen, scheiterte. Hußmann wurde mangels Beweisen freigesprochen.

Einige Jahre später gestand Rolf vom Busch, ein Hotelpage, den Mord an Daube. Busch war wegen eines ähnlichen Mordes an dem Stricher Kurt Schönig verurteilt und kastriert worden. Aus Rache beschuldigte er etliche Nazigröße der Homosexualität, darunter auch Adolf Hitler. Er könne das Genital Hitlers genau beschreiben, behauptete er. Vom Busch wurde daraufhin in einem Geheimprozess wegen Landesverrats angeklagt und zu weiteren zwei Jahren Zuchthaus verurteilt. Er verstarb nur wenige Jahre später im Knast. Seinem Geständnis im Fall Daube wurde nie nachgegangen, möglicherweise deshalb, weil das Regime ihm für seine Anschuldigungen keine öffentliche Bühne bieten wollte.

Hier passierte der Mord

1962-1966

Von der Kirmes in den Luftschutzstollen

Der Kindermörder Jürgen Bartsch

Als Karl-Heinz Sadrozinski wurde er 1946 in Essen geboren, als Jürgen Bartsch kannte ihn etwa 20 Jahre später ganz Deutschland: als Kindermörder, als pädophile Bestie, als „Tier in Menschengestalt".
Karl-Heinz Sadrozinski kam als uneheliches Kind auf die Welt, seine Mutter starb kurz nach der Geburt. Der Säugling kam ins Kinderheim „Schloss Schellenberg", bis ihn nach einem knappen Jahr die Eheleute Bartsch, Inhaber einer Metzgerei in Velbert-Langenberg, zunächst als Pflegekind zu sich nahmen. Erst sechs Jahre später durften Gerhard und Gertrud Bartsch ihn adoptierten und ihm offiziell den Namen Jürgen Bartsch geben.

Glück gehabt? Wohl eher nicht, denn seine Pflege- bzw. Adoptiveltern machten ihm das Leben zur Hölle. Bis zum Schulbeginn lebte Jürgen Bartsch ohne Kontakt zur Außenwelt, meist eingesperrt in einen Kellerraum mit vergitterten Fenstern. Auf diese Weise wollten seine Adoptiveltern verhindern, dass er etwas über seine tatsächliche Herkunft erfuhr. Der Sauberkeitswahn seiner Adoptivmutter, die ihm als Kind das Spielen mit Gleichaltrigen verbot, damit er sich nicht schmutzig machte, und die ihn als jungen Erwachsenen noch in der Badewanne schrubbte, tat ein übriges.

Mit zehn Jahren steckten ihn seine Eltern in ein Heim. Da es dort nach Auffassung seiner Eltern aber zu lasch zuging, kam Jürgen Bartsch zwei Jahre später in ein katholisches Internat im Rheingau. Hier erfuhr er, dass er adoptiert war, und hier wurde er nach eigenen Angaben von seinem Erzieher, dem Pater Gerhard Pütz, sexuell missbraucht. Als er 14 war, unternahm er zwei Fluchtversuche aus dem Internat.

Seine Traumatisierung und die Zerstörung seiner Persönlichkeit waren rundum „gelungen“, als er schließlich das Internat verließ. Ohne Freunde, ohne Bindungen, als hilfloses Opfer in einem Netz aus Unterdrückung, subtiler und offener Gewalt, Diskriminierung und Missbrauch lernte er weder Sympathie und positive Gefühle zu entwickeln noch Mitleid mit Schwächeren zu empfinden. Zu allem Überfluss kam hinzu, dass er während seiner Internatszeit homosexuelle Neigungen entwickelte, die er als Abartigkeit und Schande empfand. Es gab niemanden, dem er sich anvertrauen konnte, und niemanden, der ihm Hilfe anbot.

Untersuchung des Luftschutzstollens

Jürgen Bartsch vor Gericht

Bartsch fand ein Ventil für den Druck, den er offenbar zeit seines Lebens verspürte: Er brachte Jungen im Alter von acht bis 14 Jahren in seine Gewalt, quälte sie grausam, zwang sie zu sexuellen Handlungen und weidete sich an deren Angst, Hilflosigkeit und Verzweiflung. Im Mai 1966 fand er ein Opfer auf der Kirmes in Essen-Schonnebeck. Dort begegnete er dem elfjährigen Manfred G., den er unter dem Vorwand einer gemeinsamen Schatzsuche nach Velbert-Langenberg in einen ehemaligen Luftschutzbunker lockte.

In dem Stollen, nur wenige Meter vom nächsten Wohnhaus entfernt, quälte Bartsch den Jungen, verging sich an ihm und erschlug ihn schließlich. Mit einem Schlachtermesser, dessen fachmännischen Gebrauch er als Metzgerlehrling gelernt hatte, zerstückelte er die Leiche. Nur einen Monat später fand Jürgen Bartsch wieder ein Opfer. Diesmal in Wuppertal-Elberfeld, wo er auf den 14-jährigen Peter F. traf. Auch ihn brachte er in den

Luftschutzbunker, wo er ihn malträtierte, fesselte und seinen baldigen Tod ankündigte. In einer kurzen Abwesenheit von Bartsch gelang es Peter F. jedoch, sich zu befreien und zu fliehen.

Als die Kripo den Luftschutzbunker durchsuchte, fanden die Beamten Überreste dreier weiterer Leichen: Die Toten waren der achtjährige Klaus J., verschwunden im März 1962, Peter F., der zum Zeitpunkt seiner Ermordung (August 1965) 13 Jahre alt war, und der mit zwölf Jahren ebenfalls im August 1965 getötete Ulrich K. Drei seiner fünf Opfer hatte Bartsch auf Jahrmärkten in Essen und in Velbert angesprochen, er war der seit vier Jahren fieberhaft gesuchte „Kirmesmörder".

Das fand allerdings nicht die Polizei durch eigene Ermittlungen heraus, der entscheidende Tipp kam von dem Langenberger Malermeister Reinhard B., dessen Sohn Frank bereits im Sommer 1961 unliebsame Bekanntschaft mit Jürgen Bartsch gemacht hatte. Auch er war von ihm in den Bunkerstollen an

Der Tatort heute

der Heegerstraße gelockt worden, wo er von Bartsch überwältigt und entkleidet wurde, bevor ihm die Flucht gelang. Die Langenberger Polizei wertete die Angelegenheit seinerzeit als leichte Körperverletzung im Zuge einer Rangelei. Das Verfahren wegen dieses Deliktes wurde vom zuständigen Amtsgericht eingestellt, Bartsch blieb straffrei. Fünf Jahre später wies der Malermeister die Kripo darauf hin: Bartsch müsste der Täter sein.

Als Bartsch verhaftet wurde, gestand er die Taten. Er räumte auch ein, dass er noch viel häufiger versucht habe, „Kinder an Land zu ziehen", was aber nie geklappt habe. Im Dezember 1967 wurde er in erster Instanz zu lebenslanger Haft verurteilt, nachdem ihn gerichtliche Gutachten für zurechnungsfähig erklärt hatten. Das Urteil sorgte für heftigen Protest, schließlich war Bartsch zum Zeitpunkt seiner Taten noch nicht volljährig. In der Revision wurde das Urteil aufgehoben, das Landgericht Düsseldorf verurteilte ihn schließlich zu zehn Jahren Jugendstrafe und Unterbringung in einer Psychiatrie.

Jürgen Bartsch landete in der geschlossenen Abteilung von Eickelborn, wo er 1974 eine Schwesternhelferin aus Hannover heiratete, die mit ihm während seiner Haft einen Briefwechsel begonnen hatte. Bartschs Ärzte hielten die Hochzeit hinter Gittern für eine gute Idee, weil sie ein Beitrag zur „sexuellen Normalisierung" sein könne. Da der Häftling die Ehe aber anschließend nicht „vollziehen" durfte, wurde nichts daraus.

Jürgen Bartsch beantragte anschließend seine Kastration, in der Hoffnung, dass ihm mit diesem Schritt eine lebenslange Sicherungsverwahrung erspart bliebe. Im April 1976 sollte die Operation durchgeführt werden. Durch einen Fehler wurde das Narkosemittel überdosiert, Bartsch starb auf dem OP-Tisch.

Der Fall Jürgen Bartsch wurde mehrfach verfilmt, zuletzt 2002. Etliche Autoren beschäftigten sich mit Bartsch, Dutzende von Beiträgen und Büchern sind bis zum heutigen Tag zu diesem spektakulären Fall erschienen.

Lösegeld als Betriebsausgabe?

Die Entführung des Multimillionärs Theo Albrecht

November 1971

Im Leben Theo Albrechts fehlten 17 Tage. 17 Tage, für die er später eine ganz eigene Rechnung aufmachte. 17 Tage war Theo Albrecht, schon damals einer der reichsten Männer unseres Landes, in der Hand eines gestrauchelten Anwalts und dessen freundlich-tumbem Komplizen.

Und das kam so: Wie immer schloss Theo Albrecht auch am 29. November 1971 sein Büro um Punkt 18.15 Uhr hinter sich zu. Wie immer war er der Letzte, der die Aldi-Verwaltungszentrale in der Hertener Hohewardstraße 345 verließ. Wie immer wollte er sich in seinen dunklen Mercedes 280 SEL-Automatic mit dem Kennzeichen RE-AL 280 setzen, um – wie immer – allein, ohne Fahrer oder Begleitung, nach Hause zu fahren. Diesmal allerdings ließ sich die Fahrertür nicht öffnen. Also versuchte es der (damalige) Multimillionär und spätere Multi-Milliardär mit der Beifahrertür. Als er über den Sozius-Sitz in den Wagen hineinkletterte, gesellten sich zwei finstere Gestalten hinzu, der Rechtsanwalt Heinz-Joachim Ollenburg (48) und sein Komplize Paul Kron (40).

Die Firmenzentrale in Herten heute

Ollenburg, ein mehr oder weniger erfolgloser Jurist, dessen Wünsche nach Lebensstandard deutlich über dem lagen, was ihm seine Fälle (meist die Verteidigung von Kleinkriminellen) einbrachten; er machte sich Sorgen um seine Altersabsicherung. Und „Diamanten Paule", ein Kleinkrimineller, der mit Respekt und Achtung zu Ollenburg aufblickte. Und der mal eben Geld brauchte, um Weihnachtsgeschenke zu kaufen und Schulden zu bezahlen.

Das ungleiche Pärchen sondierte im Vorfeld der Tat potenzielle Entführungsopfer. Sehr dienlich waren ihnen hierbei die Zeitschrift „Capital" sowie das gerade frisch erschienene Buch „Die Reichen und die Superreichen". Zunächst planten sie, Karl Albrecht, den älteren der Aldi-Brüder, zu entführen. Doch als sie herausfanden, dass der Inhaber der Kette Aldi-Süd eine

Theo Albrecht nach seiner Freilassung

angegriffene Gesundheit hatte, änderten sie ihr Vorhaben. Schließlich sollte das Opfer nicht während der Entführung zusammenklappen.

Also Theo, den sie nun vor der Zentrale von Aldi-Nord kidnappten. Mit vorgehaltener Pistole verlangten sie von ihm zunächst Überraschendes: Er solle sich ausweisen. Irgendwie hatten sie das Gefühl, dass sie den Falschen erwischt hätten. Einen der wohlhabendsten Deutschen in einem derartigen Billig-Outfit konnten sich die Ganoven nicht vorstellen. Theo Albrecht war aber Theo Albrecht – und damit genau der Richtige, um schnelles, ganz großes Geld zu machen.

Das dachten sich zumindest Ollenburg und Kron, als sie ihn fesselten, die Augen verklebten und mit ihm kreuz und quer durch Herten, Gelsenkirchen und Essen fuhren, bevor sie allesamt in den alten Diesel von Kron wechselten. Mit diesem fuhren sie schließlich nach Düsseldorf zur Garage von Kron, wo der Millionär dann erst mal einen Tag lang geparkt wurde. Albrecht lag gefesselt im Wagen, Kron schob Wache und Heinz-Joachim Ollenburg entspannte sich bei seiner Geliebten.

Nach 20 Stunden brachten die beiden ihr Opfer in die Anwaltskanzlei, wo sie ihn in ein abgedunkeltes Hinterzimmer sperrten. 16 weitere Tage hielten die beiden Theo Albrecht dort gefangen, meist gefesselt, oft mit verbundenen Augen. Seine Kidnapper hatte er während der gesamten Entführung nicht sehen können. Ollenburg hatte sich inzwischen mit der Albrecht-Familie in Verbindung gesetzt: Sieben Millionen sollten der Preis für die Freilassung sein. Keine Presse, keine Polizei.

Albrechts Frau Cecilia hielt sich zunächst daran, bis die Polizei am 2. Dezember Wind von der Sache bekam. Die Kripo stellte eine imposante Sonderkommission zusammen und der Nervenkrieg begann. Psychologisch geschickt war der Schachzug Ollenburgs, die Verhandlungen via Theo Albrecht zu führen. Das Entführungsopfer schrieb mehrere Briefe an seine Frau. Darin teilte Albrecht die Forderungen seiner Entführer und eigene Wünsche mit. Einer dieser Briefe war übrigens unterfrankiert, wie die BILD-Zeitung herausfand. Der Postzusteller kassierte Nachporto für die Sendung.

Am 6. Dezember kam das Ultimatum: Maximal zwei Tage Frist bis zur Geldübergabe. Als am 8. Dezember immer noch nichts passiert war, sattelte Ollenhauer drauf: Er beschwerte sich schriftlich beim damaligen NRW-Ministerpräsidenten Heinz Kühn und forderte dessen unverzügliche Vermittlung im Entführungsfall Albrecht. Einen Tag nach diesem Brief machte die Polizei die Entführung öffentlich, als neue Mitspieler kamen hinzu: die Medien (unter anderen Eduard Zimmermann mit „Aktenzeichen XY ungelöst") und die Kirche.

So schaltete sich das Oberhaupt der Katholiken an Ruhr und Emscher höchstselbst in den Fall ein. Der Essener Bischof Franz

Eines der wenigen Fotos des pressescheuen Theo Albrecht

Hengsbach traf sich am 16. Dezember in aller Heimlichkeit mit den Entführern, übergab sieben Millionen Mark (die höchste zu der Zeit in Europa gezahlte Lösegeldsumme) und nahm Theo Albrecht in Empfang. Wie zuvor mit der Polizei vereinbart, wartete er, wie von den Tätern gefordert, 24 Stunden ab, bevor er den Freigelassenen nach Hause schickte und die Kripo benachrichtigte. Wieder daheim freute sich Albrecht offenbar so sehr über seine Freilassung, dass der als absolut pressescheu geltende Kaufmann den vor seinem Haus lauernden Journalisten sogar ein paar Fotos gestattete. Danach übrigens Zeit seines Lebens nie wieder.

Die Fahndung nach den beiden Entführern dauerte nicht lange: Bereits zwei Tage nach der Geldübergabe wurde Paul Kron gefasst. Heinz-Joachim Ollenburg hatte seinem Komplizen „auf die Schnelle" 10.000 Mark gegeben. Registrierte Scheine, wie eigentlich zu erwarten war. Und Paul Kron hat mit diesem Geld Weihnachtsgeschenke gekauft und Schulden getilgt. Wie eigentlich zu erwarten war. Dumm gelaufen für Kron, der tumb in die Falle tappte. Als ihm klar wurde, dass sich sein Kompagnon mit 6.990.000 Mark nebst 19-jähriger Geliebter aus dem Staub gemacht hatte (in diesem Fall: nach Mexiko), erzählte er der Polizei alles, was die wissen wollte.

Ollenburgs neues Leben in Saus und Braus währte nicht lange. Mit Hilfe von Interpol konnte er ausfindig und dingfest gemacht werden, am letzten Tag des Jahres 1971 war er bereits wieder in Deutschland. Ohne die Millionen, die zunächst verschwunden blieben. Während der Vernehmungen gestand der Ex-Anwalt, dass er bereits einiges auf den Kopf gehauen und 2,8 Millionen Mark in verschiedenen Waldstücken an Rhein und Ruhr vergraben habe. Die andere Hälfte des Lösegeldes habe er Diamanten-Paule gegeben. Das vergrabene Geld konnte sichergestellt werden, die fehlenden 3,6 Millionen blieben unaufffindbar, bis heute. Paul Kron schwor Stein und Bein, dass er außer besagten 10.000 Mark keinen Pfennig von der Beute gesehen habe.

Auch im Prozess gegen das ungleiche Erpresserpärchen konnte der Verbleib des fehlenden Geldes nie geklärt werden. Anfang 1973 wurden Heinz-Joachim Ollenburg und Paul Kron zu jeweils achteinhalb Jahren Haft verurteilt, von denen sie fünf absitzen mussten, der Rest wurde ihnen wegen guter Führung erlassen. Die fehlenden Millionen tauchten nie wieder auf, obwohl Ollenburg und Kron von Polizei und Ganoven-Umfeld nicht aus den Augen gelassen wurden.

Was letztendlich dazu führte, dass Theo Albrecht sich auch im Falle seiner Entführung als echter Sparfuchs entpuppte. Er versuchte, das verschwundene Lösegeld als Betriebsausgabe von der Steuer abzusetzen. Vor dem Düsseldorfer Finanzgericht scheiterte Theo Albrecht 1979 mit diesem etwas skurrilen Ansinnen.

Wollknäuel im Mund und ein Bettlaken über dem Kopf

Bochumer „Stadtparkmord" auch nach 30 Jahren nicht ganz geklärt

1975/2006

Der mysteriöse, fast schon bizarre Tod einer millionenschweren Witwe hielt die Bochumer Medien und Öffentlichkeit ein paar Tage in Atem. Der erste Teil dieser Geschichte spielte im Jahr 1975. Der zweite Teil folgte 2006 – und geisterte irrlichternd durch die Presse.

Samstag, 9. August 1975, Bochum, Burggrafenstraße 1: Die 62-jährige Elise Hemsat fühlte sich schon seit Tagen von jemandem oder irgendwas bedroht. So hätten zweimal fremde Männer versucht, bei ihr einzudringen. In beiden Fällen konnte sie die Unbekannten in die Flucht schlagen, wie sie den Nachbarn berichtete. Die reiche Witwe, ehemalige Inhaberin eines teuren Modegeschäftes, gab den Einbau einer Alarmanlage in ihrer großen Villa unmittelbar am Bochumer Stadtpark in Auftrag. Um die Zeit bis zur Installation zu überbrücken, engagierte Elise Hemsat einen Nachtwächter.

An jenem Samstagmorgen machte dieser um sieben Uhr pünktlich Feierabend und verabschiedete sich. Die Hausherrin begann mit der Zubereitung eines Frühstücks. Dann wurde sie gestört. Der Mörder musste wohl schon gewartet haben.

Ihre Leiche fand man 24 Stunden später. Tod durch Erhängen. Ein Selbstmord schien unwahrscheinlich, denn sie hatte ein Wollknäuel im Mund und ein Bettlaken über den Kopf gezogen. Außerdem lehnte ein Holzrost an der Leiche. Nachbarn hatten die Polizei alarmiert, die zunächst wegen Raubmordes ermittelte. Doch der anfangs vermisste wertvolle Schmuck der

Ermordeten tauchte in diversen Verstecken wieder auf. Die Ermittlungen der Kripo brachten wenig. Zeugen erinnerten sich, dass Elise Hemsat in ihren letzten Wochen immer unruhiger, misstrauischer und ängstlicher wurde. Ein Nachbar wollte am Tatmorgen einen Fremden gesehen haben, konnte aber kaum Verwertbares angeben. So soll das Alter des Verdächtigen irgendwo zwischen 30 und 50 Jahren gelegen haben. Auf die vor ihrem Tod von Elise Hemsat beschriebenen Fremden traf selbst dieses diffuse Profil nicht zu. Irgendwann wurden die Ermittlungen eingestellt, die Akte zugeklappt und einige der am Tatort gefundenen Spuren, darunter auch Fingerabdrücke, ordentlich archiviert. Die einzige Verwandte der Ermordeten, ihre in München lebende Tochter, erbte den gesamten und nicht unerheblichen Besitz Elise Hemsats.

Stuttgart 2005: Ein Kripobeamter glich aktuell gespeicherte Fingerabdrücke mit alten Tatortspuren ab. Inzwischen waren die DNA-Analyse erfunden (seit 1988 in Gerichtsverfahren anerkannt) und leistungsfähige Computer entwickelt, die riesige Datenmengen in kurzer Zeit präzise abgleichen und zuordnen können. Und so landete der Stuttgarter Beamte einen Volltreffer: Die Tatortspuren aus der Bochumer Stadtpark-Villa waren die eines inzwischen 71-jährigen Oberpfälzers, aktuell straffällig geworden wegen Betrugs. Und nun auch verdächtigt des Mordes an Elise Hemsat.

Als sich die Polizei den Senior griff, packte dieser sofort aus: Ja, er habe 1975 Schmiere gestanden und Einstiegshilfe geleistet, während ein bis heute unbekannter Kumpel die reiche Witwe ermordet hätte. Angestiftet worden seien beide von der Tochter der Toten, deren Ehemann und einer dritten Person. Allen sei es dabei um das zu erwartende Erbe gegangen, was wohl kein Pappenstiel gewesen sei. Den beiden Tatausführenden sei eine Million versprochen – aber nie gezahlt worden.

Kurze Zeit später saßen drei weitere ziemlich verblüffte Senioren im Knast. Die inzwischen 64-jährige Tochter der Ermor-

Die Villa in der Burggrafenstraße heute

deten, ihr Ex-Gatte (71 Jahre) und ein Dritter im Bunde (ebenfalls 71 Jahre) wurden Anfang 2006 nach Bochum gebracht, wo ein fast eineinhalbjähriger Prozess vor dem Landgericht begann. Im Zuge der neuen Beweisaufnahme und der Neuauswertung alter Zeugenaussagen fügte sich bald ein stimmiges Bild zusammen:

Tochter und Schwiegersohn lebten in den 1970ern auf großem Fuß. Die Immobiliengeschäfte des Schwiegersohns liefen schlecht und die beiden gingen die Millionärswitwe des öfteren um Geld an. Zigtausende müssen geflossen sein – aber immer noch zu wenig für die in Saus und Braus lebenden Angeklagten. Der Ex-Schwiegersohn lieh sich daraufhin Geld von dem ebenfalls angeklagten Dritten. Als dieser sein Geld massiv zurückforderte, soll bei den dreien der Plan gereift sein, die Millionärswitwe beiseite zu schaffen, um an die Erbschaft zu kommen. Hierfür seien zwei Täter gedungen worden, welche die Tat dann auch ausgeführt hätten. Während der angebliche und bis heute unbekannte Haupttäter verschwunden blieb, kassierte der Oberpfälzer erhebliche Beträge. Etliche Überweisungen der Tochter auf sein Konto waren dokumentiert. Ratenzahlung für den Killerlohn?

Vor Gericht gelang es allerdings nicht, tragfähige Beweise vorzulegen. Alle Angeklagten beteuerten ihre Unschuld, und auch das einzige Geständnis zu Anfang der Ermittlungen wurde während des Prozesses widerrufen. Mitte 2007 wurden drei der vier Angeklagten aus der Untersuchungshaft entlassen und verließen im Dezember desselben Jahres als freie Bürger das Gericht. Nicht etwa, weil ihre Unschuld erwiesen wurde, sondern weil es an Beweisen mangelte – obwohl die Tochter unmittelbar nach dem Tod ihrer Mutter mit großen Geldsummen hantierte und die Villa am Stadtpark wenige Monate nach der Tat zu Geld machte, zu sehr viel Geld.

Letztendlich forderte sogar die Staatsanwaltschaft Freisprüche für drei der Angeklagten und konstruierte die Geschichte so: Zwischen Elise Hemsat, ihrer Tochter und deren Mann soll es zwar Spannungen gegeben haben, die Äußerung des Gatten, es wäre ihm eine Million wert, wenn seine Schwiegermutter nicht mehr da sei, sollte aber nur ein makaberer Scherz gewesen sein. Diese „Spontanäußerung beim Bier" wiederum habe der Oberpfälzer, dessen Fingerabdrücke am Tatort gefunden wurden, für bare Münze genommen und sich einen Komplizen gesucht, mit dem er die Tat schließlich ausführte.

Einen Killerlohn habe er aber nicht erhalten, die späteren Zahlungen der Tochter seien eine Art Schweigegeld gewesen, weil diese vermeiden wollte, dass der Fall in den frühen 1980ern erneut aufgerollt würde: „Ich wollte ein Tuch drüber decken." Und so blieben nur die DNA-Spuren am Tatort: Genug, um den zum Zeitpunkt des Urteils 73-jährigen Rentner lebenslänglich hinter Gitter zu bringen. Der Verurteilte starb nur wenige Monate nach dem Urteil, sein Revisionsantrag wurde damit hinfällig.

Der Menschenfresser von Duisburg

Joachim Kroll – der schlimmste Fall der deutschen Kriminalgeschichte?

Für dieses Stück Kriminalgeschichte braucht man gute Nerven. Nicht wenige glauben, dass der „Ruhrkannibale" zu den widerwärtigsten Serienmördern der deutschen Kriminalgeschichte zählt, dass sein Fall gar der übelste überhaupt ist. Zwölf Morde soll Kroll zwischen 1955 und 1976 begangen haben; behauptete er jedenfalls selbst. In einem zweieinhalbjährigen Mammutverfahren wurden ihm aber lediglich zu den

In diesem Haus in der Friesenstraße wohnte Kroll

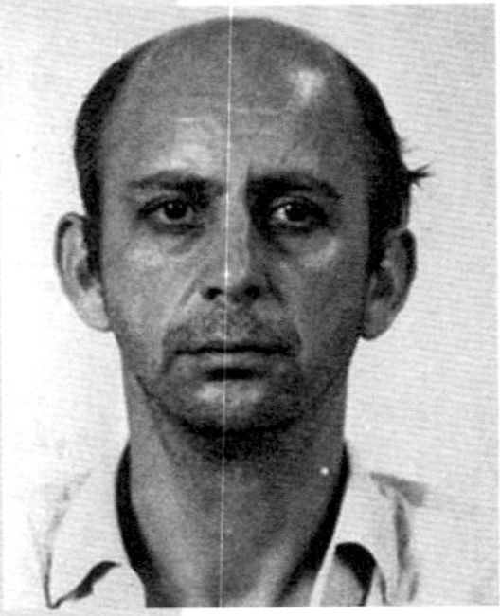 

Jochim Kroll, Mülltonne im Hinterhof des Mordhauses

acht vollendeten sowie einem versuchten Mord der Prozess gemacht, die ihm hieb- und stichfest nachgewiesen werden konnten. Das Urteil lautete neunmal lebenslänglich. Kroll saß insgesamt 15 Jahre ab, 1991 starb er im Knast Rheinbach mit 58 Jahren ziemlich friedlich an einem Herzinfarkt.

Seine Opfer hatten weniger Glück. Kroll ging erbarmungslos und äußerst brutal vor bei seinem Morden. Triebgesteuert, wie die Gutachter später übereinstimmend feststellten. Wobei Joachim Kroll es mit der Tötung nicht bewenden ließ. Einige seiner weiblichen Opfer schändete er, wie er dies auch schon zuvor mit Tierkadavern getan hatte. Und er gestand, sein letztes Opfer zerlegt, in Teilen zu Mahlzeiten zubereitet und verspeist zu haben.

Kroll stammte aus Oberschlesien, kam nach dem Zweiten Weltkrieg zuerst nach Bottrop, später nach Duisburg. Fünf Jahre Schule retteten ihn knapp vor dem Analphabetismus. Beruflich stieg er vom Hilfsarbeiter über Toilettenreiniger zum Waschkauenwärter auf. Ehemalige Arbeitskollegen und Nachbarn bezeichneten ihn als verschroben, aber absolut unauffällig. Bei einem Schlachter lernte er, Tiere auszunehmen und zu zerlegen. Den Kripobeamten wird er später freimütig berichten,

Tatrekonstruktionen mit dem Mörder und Polizeischülern

dass ihn dies erregt habe. Seine ersten Sexualkontakte hatte er folgerichtig dann auch mit Tieren. Danach mit Gummipuppen. Und schließlich mit Menschen – kurz bevor bzw. nachdem er sie getötet hatte.

Nur in einem Fall war sein Opfer ein Mann, Hermann Schmitz – und das auch nur aus Versehen. Eigentlich hatte Kroll es auf dessen Freundin abgesehen, als er 1965 das Liebespärchen in Duisburg-Großenbaum überfiel. Schmitz wehrte sich, Kroll stach und schlug auf ihn ein, so dass dieser später seinen Verletzungen erlag. Kroll konnte fliehen.

Zwei Jahre später versuchte Kroll es erneut – und hatte wieder kein „Glück“. Die Überfallene, eine elfjährige Schülerin, konnte, bereits erheblich verletzt, fliehen, weil sich Passanten näherten. Doch Kroll, dem man einen IQ von 76 bescheinigte (bei Schwachsinnigkeit legt man einen IQ von 69 zu Grunde), hatte ein ausgezeichnetes Gedächtnis und ging akribisch vor. Er lernte aus seinen Fehlern, um in Zukunft gründlicher und unauffälliger vorzugehen. Was ihm dann auch jahrelang auf entsetzliche Weise gelang.

Anfangs ließ Kroll seine Opfer stets am Tatort liegen – er machte sich nicht die Mühe, die Toten beiseite zu schaffen. Bei späteren Verbrechen blieben dann die Leichen verschwunden. Bis zum Sommer 1976: Da gelang es ihm, die vierjährige Marion K. zu entführen. Von einem Spielplatz, nur wenige Schritte von seiner Wohnung in der Friesenstraße, Duisburg-Laar, entfernt. Eltern, Nachbarn und Polizei machten sich auf die Suche nach dem vermissten Kind – zunächst ergebnislos.

Am Tag nach Marions Verschwinden bemerkte ein Hausnachbar von Joachim Kroll, dass die Etagentoilette verstopft war. Darauf angesprochen, erklärte Kroll dem Nachbarn, dass er ein Kaninchen geschlachtet und die Innereien ins Klo geworfen habe, wodurch wohl die Verstopfung entstanden sei. Er versprach, die vorgeblichen Kaninchenreste aus der Toilette zu holen und in die Mülltonne zu werfen. Später fanden Nachbarn die Innereien in der Mülltonne: Sie stammten aber ganz und gar nicht von einem Tier, sondern von einer Kinderleiche.

Als Polizeibeamte kurz danach Kroll in seiner Wohnung verhafteten, zeigte er diesen ohne Aufforderung Kühlschrank und Gefriertruhe, in denen er, abgepackt in Plastikbeuteln, etliche Leichenteile lagerte. Auf dem Herd stand ein Kochtopf mit einer undefinierbaren Suppe, in der die geschockten Beamten neben üblichen Suppenzutaten auch eine Kinderhand fanden. Während der folgenden tagelangen Vernehmungen erzählte

Kroll mit Anwälten während der Gerichtsverhandlung

Kroll dann in aller Seelenruhe den fassungslosen Ermittlern, dass er wissen wollte, wie Menschen von innen aussehen und wie sie schmecken.

In den ersten Tagen seiner Untersuchungshaft war Joachim Kroll äußerst mitteilsam und ließ kein Detail aus, mochte es noch so grausig sein. Die Kripo veranstaltete mit dem geständigen Kroll ein makaberes Schaulaufen, bei dem auch Kameras anwesend waren. Er führte die Beamten zu allen Tatorten und stellte die Überfälle und Morde mit Polizistinnen und weiblichen Auszubildenden nach. Diese Szenen gibt es auch heute noch im Internet zu sehen: in dem Beitrag „Der Mann von Nebenan" aus der RTL-Doku „Autopsie - Mysteriöse Todesfälle". Merkwürdigerweise wird Kroll in diesem Beitrag aber durchgehend „Werner Klein" genannt.

1979 wurde der Prozess gegen ihn eröffnet. Unter reger Anteilnahme der Medien und damit der Öffentlichkeit. Der Fall des Ruhrkannibalen, des Menschenfressers von Duisburg, war nicht nur in Deutschland Thema. Auch Medien im Ausland berichteten, und der Fall Kroll fand Eingang in die Fachliteratur. Nach 151 zähen Verhandlungstagen , im April 1982, wurde Joachim Kroll zu lebenslanger Haft verurteilt.

1979/2001

Bestialische Tat nach 32 Jahren vor Gericht

Der Pfahl-Mord von Hagen

Hagen, 9. Januar 1979. Brunhilde Entz, 18 Jahre alt und Verkäuferin in einem Kaffeegeschäft, ließ sich von Freunden dazu überreden, am Abend noch auszugehen. Gemeinsam besuchten sie die Kneipe „Pilssalon", in der Nähe des Hagener Hauptbahnhofes. Gegen zwei Uhr morgens machte sich Brunhilde Entz auf den Weg zu ihrem nur rund 900 Meter entfernten Zuhause. Unterwegs traf sie im Stadtteil Altenhagen auf ihren Mörder.

Die junge Frau wurde auf brutalste Weise vergewaltigt, ihr Unterleib von einem Pfahl regelrecht zerstört. Schließlich erwürgte der Mörder sie und versteckte die Tote unter einem geparkten VW-Käfer. Passanten fanden die Leiche von Bruni, wie sie von ihren Freunden genannt wurde, gegen 2.25 Uhr.

Die Polizei tappte im Dunkeln. Trotz monatelanger Ermittlungstätigkeit konnte der Täter seinerzeit nicht dingfest gemacht werden.

Es dauerte mehr als 30 Jahre, bis im Mai 2011 das furchtbare Verbrechen endlich aufgeklärt werden konnte. Oberstaatsanwalt Wolfgang Rahmer und Martin Erlmann, Leiter der kriminaltechnischen Ermittlungsstelle der Hagener Polizei, beschäftigten sich mit den alten Akten und untersuchten erneut die Kleidung des Opfers, die glücklicherweise noch in der Asservatenkammer lag. Auf einer Hose der Ermordeten sicherten Experten des LKA DNS-Spuren, die nur vom Täter stammen konnten.

Ein Abgleich mit der DNA-Datenbank des Bundeskriminalamtes lieferte dann den Beweis. Täter war der mehrfach vorbestrafte Dieter F., der eine lebenslange Haftstrafe in der JVA Dietz verbüßt. Dieter F., der aus Hohenlimburg stammte, hatte ungefähr zur selben Zeit wie Bruni Entz eine nahe gelegene Gaststätte verlassen und war auf die junge Frau gestoßen. Nach der Tat tauchte er unter. Zwei Monate später ermordete er in Mainz auf ganz ähnliche Weise eine weitere Frau. Beim Versuch, deren Leiche zu verstecken, wurde er festgenommen.

Der Vater des Hagener Opfers ist heute 82 Jahre alt. Wie das Online-Portal der WAZ berichtet, will er bei dem Prozess gegen Dieter F. anwesend sein. Er möchte dem Mörder seiner Tochter in die Augen schauen. „Ich will sehen, welches Schwein meiner Bruni so etwas angetan hat", zitiert DerWesten den 82-jährigen. „Ich musste sie in der Leichenhalle identifizieren. Bis auf den Kopf war alles zugedeckt."

Die verschwundenen Millionen

Erhard Goldbach – der Ölkönig von Wanne-Eickel

Die ertappten Steuersünder der jüngeren Vergangenheit sind kleine Fische gegen den „Ölkönig von Wanne-Eickel", der in den 1970er Jahren mutmaßlich 340 Millionen DM „am Fiskus vorbeigeschleust" hatte. Etwas zeitgemäßer formuliert, waren es knapp 174 Millionen Euro, die er der Gemeinschaft der Bundesbürger geklaut hatte. Zum Vergleich: Klaus Zumwinkel, Ex-Chef der Post, schaffte noch nicht einmal ein Zehntel dieser Schadenssumme.

Man muss allerdings einräumen, dass Erhard Goldbach zwar einen Großteil des Geldes für eigene Zwecke verjubelte, beileibe aber nicht alles: Ein paar Millionen aus seinem Steuerdiebstahl schenkte er pfennigweise allen Autofahrern, die seinen Sprit „Goldin" tankten. Weil nämlich Erhard Goldbach seine Hausmarke meist einige Pfennige unter dem Preis anbot, den er selbst dafür bezahlt hatte. Das ist natürlich kaufmännisch ziemlich töricht, ein normaler Unternehmer will ja schließlich Geld verdienen. Erhard Goldbach wollte das eigentlich gar nicht: Geld verdienen. Sein Ding war das Geld ausgeben. Um sich damit Gunst und Anerkennung all derer zu kaufen, die einen kleinen Kohlehändler aus Wanne-Eickel entweder nicht zur Kenntnis oder nicht für voll und schon gar nicht ernst nehmen.

Man sollte vielleicht noch erwähnen, dass Erhard Goldbach in allen Belangen nicht sehr vorteilhaft rüberkam – nennen wir es mal „suboptimale Performance". Seine Kohle aber, die er in diverse Leute und Lustbarkeiten investierte, war dagegen höchst charmant und unterhaltsam. Und weil Goldbach geliebt werden wollte, ließ er Kohle rüberwachsen: mal als direkte Zuweisung, mal in Form eines Clubbesuches oder einer Treibjagd, mal als handfeste Förderung des ortsansässigen Fußballs (Westfalia Herne) oder der ortsansässigen Verwaltung. Goldbach hatte für jeden Anlass den richtigen Schein oder Scheck.

Und so wurde aus dem hässlichen Entlein ein toller Hecht. Der Robin Hood der Freien Tankstellen, der strahlende Fußball-Mäzen, der treffsichere Großwildjäger, der Hansdampf in allen Gassen. Unglaubliche 28 Jahre lang funktionierte das System Goldbach. Erst 1979 stürzte sein Imperium mit heftigem Getöse in sich zusammen.

1951 begann der damals 23-Jährige in Wanne-Eickel mit einem kleinen Kohlenhandel. 1956 stieg er um auf Benzin, baute am Rhein-Herne-Kanal ein Tanklager nebst erster Tankstelle und begann zu expandieren. Gegen Ende der 1970er Jahre

Werbepostkarte aus den 1950er Jahren

Erhard Goldbach ohne und mit Maskerade (auf der Flucht)

hatte er über 200 Stationen unter seiner Goldin-Flagge, mehrere Autohäuser, Baufirmen und ein Mineralölwerk. Das Einzige, was ihm noch fehlte zu seinem unternehmerischen Glück, war ein eigenes Bordell, das er allen Ernstes direkt neben seiner Firmenzentrale in Wanne-Eickel bauen wollte – aber das ist eine andere Geschichte.

1973, lange bevor in Deutschland das Wort „Entsorgung" überhaupt erfunden wurde, gründete er seine Gesellschaft für Umweltschutz, ließ altes Öl und Schmierstoffe ankarren, um sie zu vernichten oder wieder zu verwerten. Zum Beispiel so, dass er den Abfall in sein ursprünglich blitzsauberes Benzin mixte, bis dieses gerade noch die gesetzlich geforderte Oktanzahl hatte. Oder auch nicht. Manch Autofahrer schwört heute noch, dass der vorzeitige Exitus seines Motors auf das „gute" Goldin zurückzuführen war.

So weit, so schäbig – aber nicht zwingend strafbar. Dafür mussten erst einige Millionen Mark Steuern hinterzogen werden. Das ging in den 1960ern und 1970ern offenbar mit relativ wenig List und Aufwand. Bei Erhard Goldbach reichten Taschenspielertricks und unglaubliche Dreistigkeit.

Ein Beispiel: Benzinhändler müssen in Deutschland nicht nur die Mehrwertsteuer an den Fiskus abführen, sondern auch die

Mineralölsteuer. Der Kunde gibt seinen Eurosechzig dem Tankwart. 65 Cent fürs Benzin, knapp 30 Cent Mehrwertsteuer und 65 Cent Mineralölsteuer.

Zu Zeiten Erhard Goldbachs waren das um die zehn Cent fürs Benzin, drei Cent für den Mehrwert und etwa 15 bis 20 Cent via Mineralölsteuer an den Fiskus. Doch, die Rechnung ist richtig. In den 1960ern kostete Sprit tatsächlich nur 30 Cent pro Liter. Jedenfalls bei Goldin. An den anderen Tankstellen war das Benzin ein paar Pfennige teurer. Da Erhard Goldbach aber damit prahlte, dass er immer zwei Pfennig unter dem Billigsten bleiben könne, begann ein für Goldbach absolut runinöser Preiskampf.

Aber Goldbach hatte ja ständig fremdes Geld in der Tasche. Sehr viel fremdes Geld. Denn er war ja – wie jeder Mineralölhändler – ein Treuhänder für den Staat. Die Kunden gaben ihm mit ihrem Geld fürs Benzin ja auch einen ziemlichen Batzen Steuern in die Hand, die Goldbach eigentlich hätte weiterlei-

Tanklager auf dem Firmengelände in Wanne-Eickel

Nach der Pleite: alles auf Null

ten müssen. Aber da er das Geld gerade dringend selber brauchte, nahm er es mit dem Weiterleiten nicht so genau. Ebenso wenig wie mit seiner Buchhaltung. Oder mit der von der Bundesregierung vorgeschriebenen Pflicht-Bevorratung, nach der alle Mineralölkonzerne für den nationalen Notfall Treibstoff auf Vorrat lagern mussten. Erhard Goldbach kaufte auf Staatskredit die vorgeschriebenen 30.000 Tonnen – und verhökerte den Großteil. Steuerfrei, natürlich.

Warum Goldbach über Jahre nicht aufflog? Nicht wenige vermuteten seinerzeit, dass jemand seine schützende Hand über den Wanne-Eickeler Ölhändler halten müsse; jemand ganz oben, mit einer Kette weiterer Jemands auf den verschiedenen Ebenen. Für die es dann die bereits oben genannten Lustbarkeiten gab: von Bargeld bis Bordellbesuch, von Treibjagd bis Tribünenplatz.

Aber wie jedes Schneeballsystem musste auch das Goldbachsche irgendwann kollabieren. Da halfen dann auch keine schützenden Hände mehr. 1979 zog sich die Schlinge zu und Goldbach machte sich aus dem Staub. Als Haftbefehl erlassen wurde, türmte er mit seiner Geliebten, bevor die Häscher zugreifen konnten. Monatelang geisterte er nun als Phantom durch die Presse. Wildeste Spekulationen rankten sich um Aufenthaltsort von Gauner und Beute.

Nach 200 Tagen Flucht wurde Erhard Goldbach schließlich im Hunsrück hops genommen, trotz Vollbart und abenteuerlicher Maskerade. Vor Gericht verblüffte Goldbach dann erneut: Er erbrach sich täglich und kam schließlich mit einem Eimer zur Verhandlung. Allerdings reichte das nicht zur Prozess- oder Haftunfähigkeit, zumal er das Unwohlsein durch übermäßigen Verzehr von Gänseschmalz und Kartoffelsalat in der Untersuchungshaft mutwillig provozierte. Der Ölkönig wurde einmal zu sechs plus einmal zu zwölf Jahren verurteilt. Er saß allerdings nur die Hälfte seiner insgesamt 18 Jahre ab.

Die Mutmaßungen der Staatsanwaltschaft, dass Goldbach einen Teil seiner Millionen in die Schweiz gebracht habe, konnten nie bewiesen werden. Nach seiner Entlassung 1988 lebte Goldbach entgegen seinen früheren Gepflogenheiten unauffällig und nahezu unerkannt wieder in Wanne-Eickel. Zu irgendwelchen gebunkerten Millionen führte er weder Fahnder noch Schatzsucher. Mal vermutete man das Geld im Ausland, mal vergraben auf Goldbachs Grundstück oder gar unter dem Mittelkreis des Westfalia-Stadions.

2004 starb Goldbach und nahm sein Geheimnis mit ins Grab. 2010 sorgte er allerdings postum noch mal für Aufregung: Als nämlich der neue Besitzer des früheren Goldbachschen Hauses eine Geheimtür fand, hinter der sich ein verschlossener Tresor verbarg. Hochspannung bei der Öffnung durch einen professionellen Panzerknacker: Gähnende Leere. Als letzter Gruß des Ölkönigs von Wanne-Eickel ...

1970-1986

„Ich bin nicht haftgewohnt"

Der Ausbrecherkönig Alfred Lecki

Ganz friedlich in einem Park seiner Heimatstadt Berlin starb am 17. September 2000 mit 61 Jahren der als „Ausbrecherkönig" bekannt gewordene Verbrecher Alfred Edmund Stanislaus Lecki an einem Herzanfall. Leckis Gangsterkarriere gehört mit zu den abenteuerlichsten in der Geschichte der Bundesrepublik.

Sein erster Ausbruch gelang dem damals 30-Jährigen 1968 aus der Justizvollzugsanstalt in Berlin-Tegel. Auf seiner Flucht kam Lecki ein Jahr später auch nach Bottrop. Es war der 14. Juli 1969, es war warm – und Lecki legte sich deshalb nur mit seiner Unterwäsche bekleidet in seinem Fluchtwagen schlafen. In der Nacht fiel der Wagen einer Polizeistreife auf. Als die Beamten Leckis Papiere sehen wollten, sprang dieser aus dem Fahrzeug, lief zunächst davon, schoss aber dann doch auf die überraschten Polizisten. Der Polizeiobermeister Theodor Klein wurde tödlich getroffen und verstarb noch am Tatort, sein Kollege wurde schwer verletzt. Lecki konnte zunächst entkommen, wurde schließlich gefasst und landete in der Essener Untersuchungshaftanstalt – allerdings nicht für lange.

Im Knast lernte er seinen Kumpel Helmut Derks kennen. Dieser musste wegen Raubes eine siebenjährige Haftstrafe absitzen. Gemeinsam planten sie den Ausbruch. Es gelang ihnen, einen Nachschlüssel anzufertigen. Und am ersten Weihnachtstag – ein Gefangenenchor probte für eine Weihnachtsfeier angeblich gerade das Lied „Macht hoch die Tür ..." – marschierten beide in die Freiheit.

Der nächste Coup stieg am Main, von der Frankfurter Rundschau als „Millionending" bezeichnet. Am 26. Juni 1970 blockierten zwei gestohlene Fahrzeuge die Taunusstraße in Offenbach und stoppten so einen VW-Transporter der Stadtsparkasse, der als Geldwagen diente. Ein maskierter Mann, flankiert von weiteren vermummten Gangstern, bedrohte mit einer Maschinenpistole den Fahrer und drei bewaffnete Sicherheitsleute der Bank. Sie zwangen diese zur Herausgabe von mehreren Aktentaschen und einer Geldmappe und flüchteten dann in einem Opel Caravan. Lecki und seine Kumpanen erbeuteten eine Million Mark in Hartgeld und nicht nummerierten Scheinen. Nur zwei Minuten später fuhr ein weiterer Transporter der Sparkasse dieselbe Strecke – der Fahrer jedoch wendete kurz vor der Taunusstraße, weil – so der SPIEGEL in seiner Ausgabe vom 6.12.1971 – er den Raubüberfall für einen Verkehrsunfall hielt.

Bereits einige Monate früher wurde nach identischem Muster ein abfahrbereiter Geldtransporter der Metro AG in Frankfurt ausgeraubt. Der Fahrer wurde angeschossen, die Gangster erbeuteten rund 360.000 Mark. Die Ermittler glaubten, dass auch dieser Überfall auf Leckis Kappe ging. Insgesamt erbeutete die Bande 1970 etwa fünf Millionen Mark.

Eine beispiellose Fahndungsaktion lief an. Unschuldige wurde festgenommen, in Stuttgart starb ein Mann durch eine Polizeikugel, weil ihn der Beamte mit Lecki verwechselt hatte. Zeitweise ermittelten fünf Polizeibehörden gegen Lecki und behinderten sich dabei selbst. Lecki wechselte immer wieder sein Aussehen und wurde von der Presse schon fast ehrfürchtig als „Mann mit den 1000 Gesichtern" bezeichnet. Eine publikumswirksame Fernsehfahndung in der Sendung „Aktenzeichen XY ungelöst“ mit Eduard Zimmermann blieb wiederholt erfolglos.

Schließlich hatte der damalige Bundesinnenminister Hans Dietrich Genscher angesichts des Fahndungschaos die Nase voll und beauftragte das Bundeskriminalamt mit der Fahndung, zum ersten Mal übrigens in der Geschichte der Bundesrepublik. Nur sechs Tage nach dem „Millionending“ in Offenbach wurden die Verbrecher am 2. Juli 1970 in Spanien gestellt.

Wie der SPIEGEL berichtete, stammte der entscheidende Tipp zur Festnahme von Lecki von dem V-Mann Werner Maus, der angeblich Derks zum Reden gebracht hatte. Seine Tätigkeit sei mit der spanischen Polizei und den deutschen Behörden abgestimmt gewesen.

Wie Maus später selbst erklärte, habe Derks Vorliebe für käuflichen Sex zu seiner Festnahme geführt. „Ich wusste, dass Derks eine Schwäche für Prostituierte hatte. Da musste ich ansetzen“, erklärt er auf seiner Web-Seite. Er habe Telefone von Prostituierten aus dem Ruhrgebiet überwachen lassen. So sei er Derks auf die Spur gekommen. Eine der Liebesdienerinnen sei schließlich bereit gewesen, mitzuarbeiten und Derks in Alicante eine Falle zu stellen. So konnte er festgenommen werden. Maus habe sich dann mit Derks in eine Zelle einschließen lassen und von ihm erfahren, dass sich Lecki in Marbella aufhielt. Dort wurde er dann von der spanischen Polizei festgenommen. „Derks hat mich verpfiffen, um freizukommen“, klagte Lecki später vor Gericht.

Im September 1970 stimmte der spanische Ministerrat der Auslieferung des Ausbrecherkönigs zu, am 2. November war Lecki wieder zurück in Deutschland – dieses Mal allerdings in Handschellen. Derks folgte etwa ein Jahr später.

Einen kleinen Teil der Beute, etwa 100.000 Mark, buddelte die Polizei auf einem Grundstück an der Berliner Buschkrug-

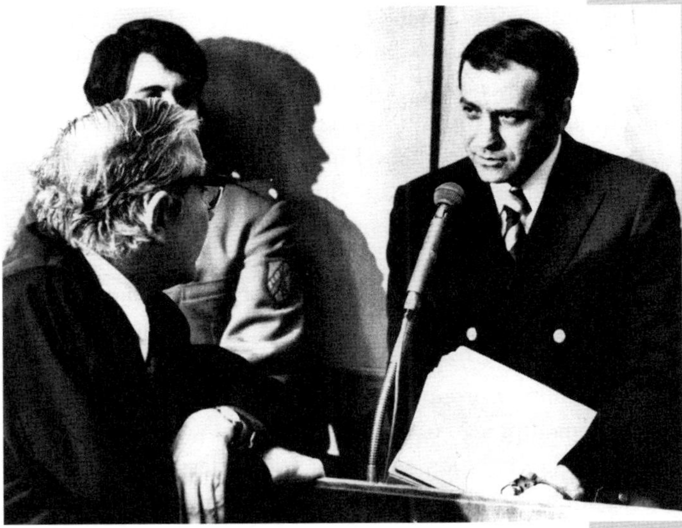

Alfred Lecki (rechts) mit seinem Anwalt vor Gericht

allee aus – das Gelände gehörte Leckis Vater, einem Autokaufmann. Den Tipp hatte ein Verwandter gegeben.

„Ich bin nicht haftgewohnt", jammerte der Gangster vor Gericht. „Andere finden sich damit ab, aber ich kann nicht hinter Gittern leben." Die Richter zeigte sich von dieser Einlassung wenig überzeugt und verurteilte Lecki wegen Mordes an dem Bottroper Polizisten zu einer lebenslangen Haftstrafe – plus 15 Jahre wegen der diversen Raubüberfälle.

Lecki wurde in die Justizvollzugsanstalt Rheinbach bei Bonn eingeliefert. Dort blieb er bis Ende 1983. Bei einem Ausflug mit einem Sozialarbeiter flüchtete Lecki erneut – und blieb genau 433 Tage in Freiheit, bis ihn in Köln ein früherer Kumpel vor einem Kino erkannte und verpfiff.

Während seines „Ausfluges" hatte Lecki einen Motorradunfall erlitten und musste an Krücken gehen. Wieder im Knast, drohte in dem genagelten Bein Mitte August 1986 eine Blutvergiftung. Lecki musste operiert werden. Da der Anstaltsarzt und der Chirurg des Düsseldorfer Gefängniskrankenhauses Lecki nicht behandeln wollten, wurde er unter höchsten Sicherheitsvorkehrungen in die Bonner Universitätsklinik gebracht.

Der nordrheinwestfälische Innenminister befahl laut SPIEGEL, es sei „sicherzustellen", dass „alle zur Verhinderung von Entweichungs- und Befreiungsversuchen erforderlichen Maßnahmen getroffen" würden. Das Dumme war nur, dass diese Anordnung nicht ganz so buchstabengetreu ausgeführt wurde. Die Bewacher nahmen anscheinend an, dass ein frisch Operierter, noch dazu herzkrank, nicht aus dem Krankenzimmer entkommen könne.

So berichtete süffisant der SPIEGEL in seiner Ausgabe vom 29.12.1986: „Doch in Leckis Zimmer ging es zu ‚wie im Taubenschlag', erinnert sich ein Uni-Bediensteter, und ‚im Gebäude selber oder an der Tür', berichtete ein Augenzeuge, ‚waren keine Kontrollen'. Lecki konnte ungestört telefonieren, trotz anderslautender Weisung wurden die Personalien mancher Besucher gar nicht notiert, nur alle acht Stunden wechselte der Bewacher. Den letzten, einen 55-jährigen Justizbeamten, überlistete Patient Lecki mit Leichtigkeit, weil ihm der Wachmann beim Bedienen des Fernsehgeräts den Rücken zudrehte. Lecki entwaffnete und fesselte ihn, benebelte ihn mit Spezialtropfen, nahm ihm die Autoschlüssel ab und humpelte auf Krücken von dannen."

Wie auch schon 1983 machten Polizei und Justiz auch bei dieser Flucht keine besonders gute Figur. Die CDU-Opposition forderte im Landtag NRW den Rücktritt des Innenministers, Gefängnisdirektoren wurden gemaßregelt, Justizvollzugsbeamte mit Verfahren überzogen. Schnell wurde die Debatte über den Ausbruch Leckis zu einer Diskussion über Sinn oder Unsinn des offenen Strafvollzugs. Denn angeblich gehöre der Alkohol- und Drogenhandel im Knast zur Regel, ungestört könnten Gefangene ihren kriminellen Aktivitäten auch hinter Gittern nachgehen und Lecki selbst habe Gelegenheit gehabt, in der JVA Bonn gemeinsam mit anderen Häftlingen Geld und Ausweise zu drucken.

Und auch die Fahndung nach dem Ausbrecherkönig gestaltete sich erneut zur Posse: Eine Bitte der zuständigen Staatsanwaltschaft Essen an das nordrhein-westfälische LKA auf Amtshilfe lehnten die Landeskriminaler ab. Personalmangel, lautete die Begründung. Schließlich musste wieder das BKA ran - wie schon 16 Jahre zuvor.

Einem schwerbewaffneten Kommando des BKA und zwei Mobilen Eingreiftrupps gelang es dann auch, Alfred Lecki am 20. Dezember 1986 auf Sylt dingfest zu machen - in einer Ferienwohnung, die Lecki zusammen mit seiner Schwester Helga gemietet hatte. Sie hatten bis zum 3. Januar gebucht. Aus der gemütlichen Weihnachtsfeier auf einer Nordseeinsel wurde dann doch nichts. Die vierte Flucht in der Gangsterkarriere des Alfred Lecki war zu Ende.

Er fuhr wieder ein - dieses Mal in die JVA Werl, wo er bereits Anfang der 70er Jahre eingesessen hatte. 1994 wurde er vorzeitig entlassen - schon von seiner Krankheit gezeichnet. Er kehrte in seine Heimatstadt Berlin zurück, versucht wieder Fuß zu fassen. Aber seine Mitarbeit im Betrieb seiner Familie scheiterte. Lecki warf die Brocken hin, isolierte sich sogar von seiner Schwester, die ihn immer unterstützt hatte. Er lebte völlig zurückgezogen, nur auf seinem Motorrad unternahm er lange Ausfahrten. Nach einem an sich harmlosen Unfall in einem Berliner Park schaffte es Lecki nicht mehr, seine Herztabletten zu nehmen und die lebensrettende Insulinspritze zu setzen - er verstarb noch in der Grünanlage.

Pleiten, Pannen und eine entfesselte Medienmeute

Das Gladbecker Geiseldrama

Die Gladbecker Geiselnahme, besser bekannt als das Gladbecker Geiseldrama, dauerte fast drei Tage, forderte drei Todesopfer, offenbarte katastrophale Fehler der Verfolger und zeigte die Medien von einer ganz hässlichen Seite. Begonnen hatte das Geiseldrama als gewöhnlicher kleiner Bankraub in den frühen Morgenstunden des 16. August 1988. Eine Bank auszurauben war für Hans-Jürgen Rösner nichts Besonderes. Seit 1986, als er nach einem Hafturlaub nicht wieder ins Gefängnis zurückkehrte, gehörten Brüche und Raubzüge quasi zu seinem Alltagsgeschäft. Tätig wurde er dabei in Gladbeck und Umgebung, dort, wo er zu Hause war. Und wo die Polizei trotz zweijähriger Fahndung seiner offenbar nicht habhaft werden konnte.

Diesmal sollte es die Filiale der Deutschen Bank im Gladbecker Einkaufszentrum Rentfort-Nord sein, die er mit seinem Komplizen Dieter Degowski überfallen wollte, einem 32-jährigen Gelegenheitsarbeiter schlichten Gemüts, Intelligenzquotient von 75 (Quelle: Focus) und dem clevereren Rösner treu ergeben. Die beiden verschafften sich maskiert und bewaffnet noch vor Schalteröffnung Zugang zur Bank und sackten 120.000 Mark ein. Der Inhaber einer benachbarten Arztpraxis erkannte die Situation blitzschnell und alarmierte die Polizei. Auch die war fix, noch bevor Rösner und Degowski die Bankfiliale verließen, trafen die Beamten ein. Dummerweise parkten sie

Ein Polizeibeamter in Badehose als Bote zu den Gangstern, die sich in der Bank verschanzt hatten

ihr Fahrzeug gut sichtbar vor dem Eingang, durch den die Bankräuber das Zentrum verlassen wollten.

Als die beiden merkten, dass sie in der Falle saßen, stürmten sie zurück in die Filiale und nahmen zwei Bankangestellte als Geiseln. Ihre Forderung: 300.000 Mark und ein schneller Fluchtwagen. Während den ganzen Tag über zäh verhandelt und gerungen wurde, hatten auch die Medien von der Geiselnahme erfahren und tauchten am Schauplatz auf. Ganz besonders pfiffig glaubte sich ein Radioreporter, der in der Bankfiliale anrief. Und in der Tat: Die Geiselnehmer gingen ans Telefon und gaben ein erstes Interview. Live über den Sender. Weitere folgten.

Rössner und Degowski im gekaperten Linienbus

Als endlich der Fluchtwagen vor der Tür stand und die Täter mit ihren Geiseln losfahren konnten, ließ die Polizei eine gute Möglichkeit zum Zugriff verstreichen. Sie hatte den Wagen mit einem Peilsender ausgestattet und glaubte, bei der anschließenden Verfolgung bessere Zugriffsmöglichkeiten zu haben. Die Geiselgangster gingen ebenso ungewöhnlich vor. Statt schnellstmöglich zu türmen, fuhren sie erst mal Pommes essen, Proviant, Alkohol und Aufputschtabletten kaufen. Anschließend kaperten sie ein anderes Auto, da sie den gestellten Fluchtwagen für präpariert hielten. Kurz bevor die beiden Täter und ihre Geiseln Gladbeck verließen, ließen sie noch Marion Löblich zusteigen, die Freundin Rösners.

Am frühen Mittwochmorgen fuhren die Geiselnehmer über die Autobahn Richtung Bremen, wo Verwandte von Löblich wohnten. Die Polizei folgte ihnen in zunächst sicherem Ab-

Dieter Degowski bedroht die Geisel Silke Bischoff

stand. Hinterher hechelte eine inzwischen zur Meute angewachsene Schar Journalisten, die sich den Live-Krimi nicht entgehen lassen wollte.

In Bremen angekommen, gingen die Geiselgangster zunächst einmal shoppen. In einer Boutique kleideten sie sich neu ein und ließen für kurze Zeit sogar ihre Geiseln aus den Augen, die allerdings im Fluchtwagen sitzen blieben. Auch hier griff die Polizei nicht zu, weil die Beamten davon ausgingen, dass die Geiselfreilassung unmittelbar bevorstehe. Eine fatale Fehleinschätzung, denn Rösner, Degowski und Löblich blieb die Anwesenheit der Polizei nicht verborgen. Als sie die Verfolger bemerkten, kaperten sie einen Linienbus mit 32 Fahrgästen an Bord.

Für die verfolgenden Journalisten gab es nun kein Halten mehr: Interviewwünsche wurden von den Geiselnehmern noch an der Bushaltestelle bereitwillig erfüllt. Degowski und vor al-

Interviews mit Schwerverbrechern in der Kölner Innenstadt: Journalisten liefern den Gangstern die Bühne zur Selbstdarstellung

lem Rösner standen Rede und Antwort, stets mit einer Geisel bei sich, der sie eine Pistole an den Kopf drückten. Am Abend ließen sie fünf Geiseln frei und fuhren mit den restlichen 27 auf die A 1. An der Raststätte Grundbergsee durften endlich auch die beiden Bankangestellten in die Freiheit. Unmittelbar danach schnappten sich zwei Polizeibeamte Marion Löblich, als sie zur Toilette ging. Diese Aktion war aber mit der Einsatzleitung nicht abgestimmt - und sollte sofort rückgängig gemacht werden. Die Festgenommene war aber bereits in einem Polizeiwagen unterwegs, der Schlüssel für ihre Handschellen im Schloss abgebrochen. Rösners und Degowskis 5-Minuten-Ultimatum verstrich ohne Ergebnis, woraufhin Dieter Degowski dem 15-jährigen Emanuele de Giorgi in den Kopf schoss. Der Schüler verblutete am Tatort, ein Rettungsfahrzeug mit Sanitätern war nicht Bestandteil des Einsatz-Trosses.

Für eine Top-Story setzt man sich auch schon mal zu den Kidnappern ins Auto

Die Flucht der beiden ging weiter, sie dirigierten den Bus mitsamt den Geiseln Richtung Holland, weil sie glaubten, dass man mit der dortigen Polizei besser verhandeln könne. Dem Bus jagten Polizei und Journalisten hinterher. Während der Verfolgungsjagd kollidierte ein Polizeifahrzeug mit einem Lkw, ein Beamter starb bei dem Unfall. Mittlerweile war der 18. August angebrochen, der Bus hatte die Grenze erreicht und die Geiselgangster mussten zunächst einige Kinder freilassen, bevor die holländische Polizei überhaupt bereit war, mit ihnen zu sprechen.

Es dauerte nicht lange, bis ein neuer Fluchtwagen bereit stand. Ein BMW 735 i, ausgestattet mit allen Schikanen: Mikrofonen, einem Peilsender und einer Funk-Fernbedienung für die Zündung. Der Fahrzeugwechsel lief aber alles andere als glatt: Ein versehentlicher Schuss aus Rösners Pistole verursachte ein erhebliches Durcheinander. Marion Löblich und der Busfahrer wurden verletzt, die meisten Geiseln konnten fliehen. In der Gewalt der Gangster blieben die 18-jährige Silke Bischoff und deren Freundin Ines Voitle (17), mit denen Rösner und Degowski zunächst ziellos durch NRW, dann aber nach Köln fuhren, weil Rösner ein Krankenhaus zur Behandlung von Löblich suchte und sich mal den Dom ansehen wollte, wie er später erklärte.

In der Medienstadt nahmen dann die Vertreter von Presse, Funk und Fernsehen der Polizei endgültig das Heft aus der Hand. Alles, was ein Mikro oder ein Objektiv in der Hand halten konnte, umringte die Geiselgangster, als diese aus dem Auto heraus eine Art Pressekonferenz abhielten. Einer derjenigen, die Rösner dabei live interviewen konnten, war ein gewisser Frank Plasberg. Sein damaliger Sender SWF entschied sich allerdings gegen eine Ausstrahlung des Interviews.

Dutzend andere dieser bizarren Interviews wurden jedoch gesendet oder gedruckt. Einige Journalisten gingen noch einen Schritt weiter und machten sich gar zu Komplizen der Gangster. Sie boten Rösner und Degowski an, bei der Identifizierung von möglicherweise getarnten Polizeibeamten zu helfen (die sich in der Tat in der Nähe des Autos aufhielten) oder sie auf Wunsch aus der Stadt hinauszulotsen. Udo Röbel, der stellvertretende Chefredakteur des Kölner Express, machte es schließlich: Stieg zu den Gangstern ins Auto und fuhr mit ihnen auf die Autobahn. Während Röbel mitten drin saß, waren seine Kollegen nur dabei. Im dichten Pulk folgten sie dem Fluchtwagen. Ebenfalls unter den Verfolgern war auch längst wieder die Polizei aus Nordrhein-Westfalen, nachdem der Fall zwischenzeitlich ja von den Kollegen in Niedersachsen, Bremen und den Niederlanden behandelt worden war.

An der Raststätte Siegburg stieg Röbel aus dem Fluchtwagen, die Gangster fuhren mit ihren beiden Geiseln weiter Richtung Frankfurt. Die Zeit wurde nun knapp für die Beamten des

Bitteres Ende: Die Geisel Silke Bischoff wird während des Polizei-Zugriffs erschossen

NRW-Einsatzkommandos, schließlich würde der Fluchtwagen bald in Rheinland-Pfalz sein und damit wieder in einem anderen Zuständigkeitsbereich. Allerdings konnte der Wagen nicht wie geplant per Funk gestoppt werden, da die verfolgenden Polizisten den Sender nicht dabei hatten.

Also entschied man sich für den offenen Schlagabtausch. Ein schweres Polizeifahrzeug rammte den Fluchtwagen, die Beamten eröffneten das Feuer aus allen Rohren und setzten Blendgranaten ein. Mehr als 60 Schüsse wurden abgegeben, die meisten blieben im Blech des Fluchtwagens stecken, weil die Polizei unzureichende Munition verwendete. Während Ines Voitle sich durch einen Sprung aus dem Wagen in einen Straßengraben retten konnte, starb Silke Bischoff durch eine Kugel aus Rösners Waffe. Ob sie zufällig getroffen wurde oder ob

Rösner diesen Schuss gezielt abgab, ließ sich auch später nicht ermitteln. Die Gangster konnten schließlich überwältigt und festgenommen werden – das erste Kapitel des Gladbecker Geiseldramas war zu Ende.

Das zweite Kapitel schloss sich unmittelbar an: In den politischen Gremien und auf den verschiedenen Entscheidungsebenen der Polizei wurde heftig über Versäumnisse und Fehlentscheidungen diskutiert, die zu den fatalen Folgen geführt hatten. Während der Bremer Innensenator Bernd Meyer (SPD) für die schweren polizeilichen Pannen die Verantwortung übernahm und zurücktrat, übernahm sein NRW-Kollege, der damalige Innenminister Herbert Schnoor (auch SPD), zwar ebenfalls die Verantwortung für die Fehler in seinem Zuständigkeitsbereich, sah darin aber keinen Grund für einen Rücktritt.

Dabei war fast über die gesamte Dauer des Geiseldramas ein hochqualifiziertes und hervorragend ausgerüstetes Sondereinsatzkommando der Polizei in der Nähe des Geschehens. Allein: Die jeweilige nach Zuständigkeitsbereich wechselnde Polizeiführung verhinderte die Einsätze dieses SEK. So durften die Sonderkräfte nicht zugreifen (Gladbeck und auf dem Weg nach Bremen), mussten zurückbleiben (Bremen) oder sich auf Anweisung unbewaffnet den Gangstern nähern (Köln). Immerhin wurden als Konsequenz aus dem Fiasko die Zuständigkeitsbereiche der Einsatzleitungen und Kommandos landesweit neu definiert, die Kommunikationswege geordnet und die Ausrüstung der Beamten verbessert.

Das dritte Kapitel im Geiseldrama schrieben die Medien, die sich in der Folgezeit mit ihrer eigenen Rolle beschäftigten. So hatten sie mehrfach die Arbeit der Polizei entscheidend behindert und Menschenleben gefährdet. Zynischer Höhepunkt des zweifelhaften Medienverhaltens war sicherlich der Wunsch eines Fotografen, der „sein" Foto von Degowski und Silke Bischoff noch nicht im Kasten hatte, an den Gangster: „Halt ihr doch noch einmal die Knarre an den Kopf!" Was dieser dann auch bereitwillig tat. Und für das Bild eines Sterbenden wurde von den Journalisten noch einmal der blutüberströmte Kopf von Emanuele de Giorgi in die Kamera gehalten. Als Konsequenz aus der unrühmlichen Rolle der Medien überarbeitete der deutsche Presserat seinen Kodex und untersagte für die Zukunft alle Interviews mit Geiselnehmern während des Geschehens.

Das vierte Kapitel des Falles spielte vor dem Essener Landgericht und endete im März 1991 mit einem Schuldspruch wegen gemeinschaftlichen Menschenraubs und Geiselnahme mit Todesfolge. Dieter Degowski wurde zudem noch des Mordes, Hans-Jürgen Rösner des versuchten Mordes für schuldig befunden. Das Urteil in beiden Fällen: lebenslänglich, für Rösner mit anschließender Sicherheitsverwahrung. Marion Löblich erhielt eine neunjährige Gefängnisstrafe.

Während die ehemalige Freundin von Rösner längst wieder draußen ist, sitzen die beiden Geiselnehmer nach wie vor ein. Degowski hatte 2002 eine Haftentlassung beantragt, die trotz guter Führung abgelehnt wurde. Die Haftdauer wurde wegen besonderer Schwere der Schuld auf 24 Jahre festgelegt. 2008 stellte er ein Gnadengesuch, das aber ebenfalls abgelehnt wurde. Der frühest mögliche Termin für seine Entlassung ist der Januar 2013. Auch Rösner beantragte 2004 seine vorzeitige Entlassung aus der Haft. Sein Gesuch blieb ebenso ohne Erfolg, der früheste Entlassungstermin wäre Februar 2016. Allerdings würde Rösner dann vom Knast direkt in die Sicherheitsverwahrung wechseln.

Schlagzeilen machte Hans-Jürgen Rösner erneut 2009: In seiner Einzelzelle in der Bochumer Krümmede wurden sieben Gramm Heroin gefunden. Worauf er zu einer weiteren Freiheitsstrafe von sechs Monaten verurteilt wurde.

1986-1989

Fahndungserfolg erst nach einigen Jahren

Der Feiertagsmörder aus Essen

An Ulrich Schmidt aus Essen bissen sich die Profiler der Kriminalpolizei die Zähne aus: Ein Serienmörder, dessen Taten derart unterschiedliche Merkmale aufwiesen, dass sich daraus kein Profil ableiten ließ. Mehr als zwei Jahre lang konnte er unerkannt morden, bis ihn endlich Kommissar Zufall enttarnte.

1987 sorgten verschiedene Raubüberfälle, Vergewaltigungen und Morde in Essen für Unruhe in der Bevölkerung, fieberhafte Ermittlungen der Kripo und dicke Schlagzeilen in den Medien. Die Taten schienen nicht in einem Zusammenhang zu stehen, das Handlungsmuster war von Fall zu Fall unterschiedlich. Das erste Opfer war eine 47-jährige Frau, die auf dem S-Bahnhof Essen-Frohnhausen mit einem Schraubenzieher erstochen wurde. Zwei Wochen später war der Gruga-Park Schauplatz eines weiteren, fast tödlichen Überfalls. Auf der Damentoilette wurde eine Frau ausgeraubt und mit Messerstichen schwer verletzt.

Beide Fälle schienen nichts miteinander zu tun zu haben. Nur Kriminalkommissar Jürgen Springer mutmaßte einen Zusammenhang, stand aber mit seiner Meinung innerhalb der Behörde alleine da. In der Folge ermittelten das Sittendezernat und die Mordkommission unabhängig voneinander. Ohne greifbare Ergebnisse. Weitere Überfälle, Vergewaltigungen und Morde folgten, bis die Serie der Gewalt plötzlich abriss und eine trügerische Ruhe eintrat.

Die Ruhe dauerte bis Januar 1989, als eine 60-jährige Frau in Frohnhausen beraubt und vergewaltigt wurde. Weitere Gewalttaten folgten, und acht Ermittlungsgruppen mit mehr als 100 Beamten arbeiteten unabhängig voneinander an den verschiedenen Fällen. Das Nachrichtenmagazin SPIEGEL hatte errechnet, dass insgesamt 824 Spuren verfolgt wurden, wobei die ermittelnden Beamten 3.900 Überstunden ableisteten. Das Ergebnis: null. Nach fünf Morden und acht Vergewaltigungen gelang es der Polizei aber, anhand von Beschreibungen der überlebenden Opfer, ein Phantombild anzufertigen, mit dem nach dem Täter gefahndet wurde. Wiederum ergebnislos.

Am 5. August 1989 schlug der Täter erneut zu. Diesmal vergewaltigte er eine 35-jährige Altenpflegerin im Schwesternwohnheim des Alfried-Krupp-Krankenhauses. Eine Nachbarin überraschte den Täter, der daraufhin flüchtete und nahe des Tatorts seinen Fotoapparat verlor. Die Kripo ließ den Film aus der Kamera entwickeln und sah auf den Bildern Opfer früherer Taten sowie einen Mann vor seinem Auto mit gut lesbarem Kennzeichen. Damit konnte der Täter schnell identifiziert und festgenommen werden. Es handelte sich um den 32-jährigen Arbeitslosen Ulrich Schmidt.

Seine Opfer waren Frauen, ansonsten gab es bei den fünf Morden und drei Mordversuchen nur noch eine weitere Gemeinsamkeit: Alle Taten geschahen an einem Sonn- oder Feiertag, weshalb die Medien Schmidt als „Feiertagsmörder" bezeichneten. Wie sich aber herausstellte, hatte die Wahl der Tat-Zeitpunkte absolut keine Bedeutung und war nur ein Zufall. Schmidts ältestes Opfer, die 81-jährige Elisabeth Fey, musste sterben, weil der Täter Bargeld suchte. Seine Beute: 150 Mark und eine Stange Zigaretten. Das jüngste Opfer, die 23-jährige Petra Kleinschmidt, wurde vergewaltigt und dann erstochen. Schmidt tötete mal aus diesem, mal aus jenem Motiv.

Und weil sich unter seinen Opfern auch jüngere Frauen befanden, blieb seine Neigung zu älteren Frauen unerkannt, bis er in seiner Vernehmung gestand, dass er sich zu älteren Frauen hingezogen fühlte. Erst kam das „Gucken", dann das „Haben wollen" und „schließlich die Gier", wie er den Kripobeamten schilderte.

Vier vollendete und zwei versuchte Morde konnten ihm schließlich nachgewiesen werden. 1992 wurde Ulrich Schmidt zu lebenslanger Haft verurteilt. Der WDR strahlte später im Rahmen seiner Reihe Kriminalzeit eine Dokumentation über den Fall aus.

Mai 1994

Das Verlies in der Ruhrtalbrücke

Zwei Brüder entführen Hausmeistertochter

Wenn man zwischen Essen und Mülheim im Ruhrtal steht und den Kopf in den Nacken legt, folgt der Blick den monumentalen Pfeilern 65 Meter weit in die Höhe. Ganz oben rauscht der Verkehr, nonstop, 24 Stunden, mehr als 60.000 Autos pro Tag. Hier unten hört man von dem da oben so gut wie gar nichts. Und im Mai 1994 hörte man auch nicht die Hilferufe und das Schreien eines verzweifelten Mädchens, das in einem kleinen Verschlag unter der Fahrbahn elf Horrortage in Gefangenschaft verbringen musste.

Im Frühjahr 1994 reifte bei den Brüdern Karsten und Daniel Hoffmann der Plan einer Entführung. Der damals 26-jährige Karsten war völlig überschuldet, zudem hatte Ärzte eine HIV-Infizierung diagnostiziert. Mit dem erhofften Lösegeld wollte er alle Schulden bezahlen – und vor dem drohenden Aids-Tod noch mal so richtig sorgenfrei leben. Ein Beitrag der Sendung „Aktenzeichen XY ungelöst" lieferte Hoffmann das Muster für die geplante Entführung. Gemeinsam mit seinem zum Tatzeitpunkt 21-jährigen Bruder kundschaftete er ein Essener Villenviertel aus. Wer hier lebt, muss Geld haben, so die Überlegung der Täter.

Am 5. Mai 1994 packten sich die Hoffmann-Brüder die zwölfjährige Manuela S. auf ihrem Weg zur Schule und brachten sie zur Mintarder Ruhrtalbrücke, wo sie in einem Hohlraum unter der Fahrbahn ein Verlies eingerichtet hatten. In dem fensterlo-

Hier wurde Manuela S. elf Tage gefangen gehalten

sen Raum sperrten sie ihr Opfer ein, das dort elf Tage lang überwiegend gefesselt Todesangst ertragen musste. Notdürftig verpflegt, missbraucht, vom Lärm des über ihr tosenden Verkehrs gefoltert.

Die Entführer indes merkten schnell, dass ihnen ein folgenschwerer Irrtum passiert war. Manuela S. war nicht, wie vermutet, das Kind schwerreicher Eltern, sondern die Tochter eines Hausmeisters, der bei einem der Villen-Besitzer angestellt war und dort auch wohnte. In ihren Verhandlungen mit den Eltern reduzierten die Entführer ihre Lösegeldforderungen immer weiter. Statt der erhofften zwei Millionen forderten sie zum Schluss nur noch 40.000 DM, exakt die Summe, mit der Karsten Hoffmann verschuldet war. Auch hier hatten die Brüder eine Blaupause: In dem Film „Die unglaubliche Entführung der verrückten Mrs. Stone" reduzieren die Entführer ihre Forderungen auch immer weiter.

Dass Manuela S. schließlich noch vor einer Lösegeldübergabe gefunden wurde, hatte sie einem Zufall zu verdanken: Ein Straßenarbeiter entdeckte sie während eines Kontrollgangs und brachte sie ins Krankenhaus. Noch bevor die Entführer das Verschwinden ihres Opfers bemerken konnten, griff die Kripo zu. Einer Anwohnerin war das Auto der Entführer nahe der Mintarder Brücke aufgefallen. Sie hatte sich das Kennzeichen notiert und brachte die Polizei schnell auf die richtige Spur. Die Hoffmann-Brüder wurden zu Hause gefasst, das Auto stand vor der Tür. Ein halbes Jahr später wurden sie zu acht sowie zehn Jahren Haft verurteilt.

1,8 Kilometer lang, 65 Meter hoch: die Mintarder Brücke

Betrüger ohne Betrogene?

Millionenschiebereien beim Klavier-Festival Ruhr

Seit 1834 betrieben Ferdinand Thürmer und seine Nachkommen eine Pianofortefabrik. Einst in Dresden. Und seit 1988 in Bochum, wo Ur-Ur-Ur-Enkel Jan Thürmer die Tradition der alten Firma wieder neu belebte.

Jan Thürmer wollte Klaviere nicht nur bauen und verkaufen, er wollte auch ihren Klang ertönen lassen, von Könnern ihres Faches gespielt, in einem perfekten Ambiente dargeboten. Daraus wurden dann ab 1984 der Bochumer Klaviersommer und 1988 der Thürmer-Saal. Beides fein, erlesen und vor allem: vorzeigbar.

Das gefiel einigen honorigen Herren, die sich just zur selben Zeit Gedanken um das Ruhrgebiet machten. Die meisten von ihnen leiteten Unternehmen, die mit ihren gewaltigen Wirtschaftsleistungen auch gewaltige Erträge erwirtschafteten. Mitten im Ruhrgebiet, das als schmuddelig und rückständig galt. Ergo gründete man den Initiativkreis Ruhr, packte etwas Geld zusammen und bemühte sich um ein wenig Strahlkraft fürs Aschenbrödel. Was der damals 47-jährige Jan Thürmer in Bochum auf die Beine gestellt hatte, war blitzblank und sexy.

Also nahm der Inititiativkreis 1,4 Millionen Mark in die Hand und sicherte sich mit diesem Geld als Jahresetat die Dienste des umtriebigen Bochumers, der damit seine Veranstaltungsreihe zum „Klavier-Festival Ruhr" emporheben konnte. Der Erfolg schien Jan Thürmer Recht zu geben. So tauchten neben

Jan Thürmer, Initiator des Klavierfestivals Ruhr

Nachwuchskünstlern und Geheimtipps bald auch richtig große Namen im Ruhrgebiet auf. Gespielt wurde nicht mehr nur in Bochum. Das Publikum drängte in die Konzerte und genoss Spitzenmusiker „gleich umme Ecke" und die Sponsoren genossen die allenthalben positive Resonanz.

Auch bei den Musikern genoss das Klavier-Festival Ruhr zuerst einen guten Ruf. Schließlich waren die Veranstaltungen einwandfrei organisiert, fast immer ausverkauft und beifallumtost. Selbst das strenge Feuilleton goutierte die Mischung, Jan Thürmer mittendrin und obenauf.

Ein kleines Missverhältnis gab es allerdings beim stetig wachsenden Klavier-Festival: Thürmers Arbeitspensum wuchs unaufhörlich. Eine Entlohnung dafür war aber im Etat nicht vorgesehen. Vielleicht hatte Thürmer anfangs gedacht, das schaffe er noch locker nebenbei. Vielleicht glaubten die Initiativkreisler tatsächlich, dass jemand so dumm oder besessen ist, einen üblicherweise hoch dotierten, monatelangen Fulltimejob „für Nüsse" zu machen.

Was er natürlich insgeheim auch nicht tat. Da ihm als Organisator und Leiter des Festivals kein Honorar zustand, musste das Geld auf dem Weg in Thürmers Taschen ein paar Haken schlagen. Und diese Haken machte es stets über Landshut. Denn dort, im tiefsten Bayern, residierte die Firma „Klassik-Konzerte", die bei fast jeder Veranstaltung des Klavier-Festivals Ruhr mitverdiente. Als Künstleragentur, die alle Auftritte vermittelt hatte.

Soweit wäre ja alles in Ordnung, wenn die Konzertagentur für diese Dienste die üblichen Sätze, also 15 bis 20 Prozent der Bruttogage, bekommen hätte. Klassik-Konzerte beschied sich auch nicht mit raffgierigen 50 Prozent, sondern zog sich bis zu 90 Prozent auf die Tasche. Thürmer hätte ziemlich blöd sein müssen, die Horrorpreise der Landshuter Firma zu zahlen, statt die Musiker direkt und billiger zu buchen.

Thürmer war aber nicht blöd, denn die Landshuter Firma gehörte ihm selbst. Zum größten Teil jedenfalls, obwohl das Firmengedrösel, das Jan Thürmer gemeinsam mit einem ehemaligen Zulieferer seiner Pianoforte-Fabrikation geschaffen hatte, nie ganz enknotet werden konnte. Das brauchte es auch nicht, denn die Tätigkeit dieser in Branchenkreisen völlig unbekannten Scheinfirma bestand im Wesentlichen darin, dem Klavier-Festival Ruhr dicke Rechnungen zu schreiben. Und dafür brauchte es nur einen Briefkasten in Landshut.

Trotz seiner Cleverness stolperte Jan Thürmer über zwei Anfängerfehler: Er hatte Mitwisser und er versäumte es, Belege zu vernichten. Im Konzertbusiness war und ist es nämlich üblich, die Gagen oder einen Großteil der Gagen am Konzertabend in bar auszuzahlen. Diese Zahlungen ließ sich Thürmer quittieren: Zum Beispiel 9.000 Mark von Jeremy Menuhin. Die

Der Thürmer-Saal, klangvolle Adresse in Bochum

Rechnung für den Auftritt des Sohnes des großen Yehudi Menuhin, ausgestellt von Klassik-Konzerte, fiel 30.000 Mark höher aus. Der Pianist Thomas Duis bekam 2.000 Mark auf die Hand, obwohl sein Auftritt von Klassik-Konzerte mit 17.500 Mark abgerechnet wurde. Und für Martha Argerich und Alexander Rabinowitsch schlug der Landshuter Briefkasten noch mal 50.000 Mark auf das eh schon üppige Honorar der Weltstars.

Natürlich ließ der Intiativkreis Ruhr die Bücher des Klavier-Festivals regelmäßig prüfen. Aber der Initiativkreis war blauäugig genug, diese Verantwortung in die Hände von Jan Thürmers damaligem Steuerberater Holger Hagenkötter zu legen, der auch als privater Spezi des Klavierfabrikanten galt. Wen wundert es, dass die Prüfungen stets positiv ausfielen. Aber ganz ohne Mitwisser gingen die Schwindel-Deals nicht vonstatten. Und ein solcher Mitwisser war Martin M., ehemals Mitarbeiter Thürmers. Er muss dann Anfang 1995 einige Informationen und Gagenbelege dem SPIEGEL zugeschoben haben, denn als das Hamburger Nachrichtenmagazin im April 1995 über die Machenschaften hinter den Kulissen des Klavier-Festivals berichtete, konnte es mit einer erstaunlichen Fülle pikanter Details aufwarten.

Was dann im Zuge der nächsten Monate aufgedeckt wurde, reichte, um Jan Thürmer in Untersuchungshaft zu nehmen, ihn des Betruges zu Lasten des Intiativkreises Ruhr (Schadenshöhe: 2,4 Millionen Mark) und der Unkundenfälschung anzuklagen und ihn schließlich zu verurteilen. Während des Verfahrens vor dem Bochumer Landgericht wurde es dann noch mal turbulent. Zunächst verblüffte der Zeuge Martin M. damit, dass er den Intitiativkreis Ruhr bereits 1991 über die Betrügereien Thürmers informiert haben wollte, dieser aber an der Information null Interesse gezeigt habe.

Und dann verblüffte der Intitiativkreis Ruhr selbst mit der Erklärung, dass er sich gar nicht geschädigt fühlte, schließlich habe er ja für sein Geld absolut hochwertige Festivals bekommen. Auch seitens der betroffenen Künstler gab es keine Klagen. Man hatte die Gagenzahlungen an den Veranstaltungstagen akzeptiert – als mickrig, aber nicht sittenwidrig. Und das Publikum fühlte sich sowieso zu keiner Zeit betrogen.

Daraufhin ließ die Staatsanwaltschaft den Betrugsvorwurf fallen und das Gericht ahndete „nur" die Urkundenfälschung. Jan Thürmer wurde 1996 zu zwei Jahren und neun Monaten Haft verurteilt. Das Festival startete mit einem neuen Leiter durch: Prof. Franz Xaver Ohnesorg ist auch heute noch Intendant.

Jan Thürmer steht wieder mitten im gesellschaftlichen Leben, seinen feinen Thürmersaal hatte er dem Land NRW verkauft, das hier die Abteilung Schauspiel der Folkwang-Hochschule einquartierte. Als neuer Standort ist das Viktoria-Quartier ausgeguckt, das Haus hätte eigentlich schon lange bezugsfertig sein müssen. Da es aber dort scheinbar nicht richtig vorwärts gehen will (woran der Pianoforte-Bauer übrigens völlig unschuldig ist), finden die Thürmer-Konzerte vorerst im Museum Bochum statt.

Zwei Leichen im Kofferraum

Zimbo-Geschäftsführer und Frau wegen 20.000 Mark ermordet

Mit dem Namen Peter Schulte-Berthold konnte die Öffentlichkeit wenig anfangen. Mit dem Begriff „Zimbo" aber umso mehr, schließlich hatte das Fleischunternehmen Ende der 1980er Jahre mit etlichen TV-Spots dafür gesorgt, dass der Name bundesweit ein Begriff wurde: „Zimbo ist kein Zauberer, sondern Wurst".

Zimbo ist genauer gesagt der Name eines 1953 von Max Zimmermann in Witten gegründeten und seit 1971 in Bochum ansässigen Fleisch- und Wurstfrischdienstes. Zimmermann, Bochum: Zimbo. Und Peter Schulte-Berthold war Mitte der 1990er Jahre Geschäftsführer von Zimbo.

Am Montag, 25. November 1996 meldeten seine Mitarbeiter ihren Chef als vermisst. Er war weder im Büro noch auf dem Weg nach Ungarn, wo er einen Geschäftstermin hatte. In seinem Privathaus in Witten war auch niemand zu erreichen. Bis Donnerstag dauerte die Suche, dann fanden Polizeibeamte den Dienstwagen von Schulte Berthold in Dortmund-Eving. Der Mercedes wurde nach Bochum ins Präsidium gebracht und dort von der Spurensicherung geöffnet: Im Kofferraum lagen Peter Schulte-Berthold (43) und seine Frau Christine (37), beide erstochen. Ein blutverschmiertes Messer fanden die Beamten ebenfalls im Auto.

Während die Presse wild spekulierte, ob es sich um eine fehlgeschlagene Entführung, eine Gewalttat mit familiärem Hintergrund oder um einen kaltblütigen Mord im Auftrag osteuropäischer Mafioso handelte, puzzelte die Kripo Fakten zusammen. Und konnte bereits einen Tag später den Täter identifizieren. Oliver F., ein 26-jähriger arbeitsloser Elektriker aus Dortmund.

Schulte-Berthold hatte Oliver F. beauftragt, eine Überwachungsanlage in seinem Privathaus zu installieren. Der Manager vertraute dem Arbeitslosen 20.000 Mark an, damit dieser die nötigen Geräte einkaufen konnte. Oliver F., der bereits vorher schon einige Arbeiten für den Zimbo-Chef ausgeführt hatte, überlegte es sich diesmal aber anders und gab das Geld für private Zwecke aus. Als Schulte-Berthold davon erfuhr, setzte er ihm eine Frist. Und fuhr schließlich mit Oliver F. nach Schwerte, um dort die angeblich inzwischen gekauften Geräte abzuholen.

In Schwerte kam das ungleiche Duo aber nie an: Noch im Auto erstach Oliver F. den Manager, packte die Leiche in den Kofferraum und fuhr nach Witten zum Haus des Opfers. Dort überfiel er die ahnungslose Christine Schulte-Berthold, erstach auch sie und packte sie ebenfalls in den Kofferraum des Mercedes. Mit den beiden Leichen fuhr er dann nach Hause. Unweit seiner Wohnung parkte er das Auto, wo es dann am Donnerstag gefunden wurde.

Als die Beamten zugriffen und Oliver F. festnahmen, legte dieser „völlig emotionslos und kühl" ein Geständnis ab. Auf seine Spur waren die Polizisten durch einen Hinweis des Neffen der Getöteten gekommen. Er hatte den Streit zwischen dem Ehepaar und dem arbeitslosen Elektriker mitbekommen.

Oliver F. wurde wegen zweifachen Mordes zu lebenslänglicher Haft verurteilt. Das Millionärs-Ehepaar könnte vermutlich noch leben, wenn es auf Schwarzarbeit verzichtet und stattdessen mit der Installation der Überwachungsanlage einen Fachbetrieb beauftragt hätte ...

Der „Rhein-Ruhr-Ripper"

Ein Serienmörder auf der Suche nach „Schlachtvieh"

Am 24. Mai 1969 wurde in Oberhausen Frank Gust geboren, ein Mann, der wie kaum ein anderer das Klischee von Dr. Jekyll und Mr. Hide verkörperte. In dem einen Leben war er ein liebevoller Mann und Familienvater, in dem anderen ein grausamer Serienkiller, der von der Presse als „Rhein-Ruhr-Ripper" bezeichnet wurde.

Eine hohe Zahl von Sexualstraftätern, so haben amerikanische Forscher herausgefunden, hatten in ihrer Jugend Tiere gequält. Auch Gust gehörte dazu. Als Neunjähriger kaufte er von einem Freund ein Meerschweinchen, um endlich ein Haustier zu haben. Da sein Stiefvater unter einer Tierhaarallergie litt, schaffte er das Meerschweinchen zu seiner Oma. Aber auch sie wollte das Tier nicht bei sich haben. Gust sollte es zurückgeben oder „totmachen".

Der Junge versuchte, das Meerschweinchen mit einer Platte zu erschlagen. Als er nicht richtig traf, quollen dem Tier die Eingeweide aus dem aufgeplatzten Bauch. Der Neunjährige betrachtete das Geschehen interessiert, betastete das noch lebende Tier. Einem Psychiater erzählte er später, dass er das Gefühl „ganz eigentümlich und unheimlich intensiv" empfand.

Auf das Meerschweinchen folgten Kaninchen, die er in der Nachbarschaft stahl. Irgendwann unterließ er es, die Tiere zu töten, bevor er sie aufschnitt. Und er stellte sich vor, dass die

„Höhle", in der er in den Eingeweiden „herumfingerte", größer sei als die eines Kaninchens. Viel größer.

Mit der beginnenden Pubertät verknüpften sich seine Gewalt- mit Sexualphantasien. Das Töten und Zerstückeln der Tiere erregte ihn. Nur waren sie immer noch nicht groß genug. „Während ich mir die Kaninchen vorgenommen habe, hatte ich in der Phantasie schon Pferde abgeschlachtet", wird er nach seiner Verhaftung dem Psychiater berichten.

Sein Wunsch: Einem „möglichst noch warmen Tier, entweder frisch getötet oder besser noch lebend und irgendwie fixiert, die Bauchhöhle (zu) öffnen und dann mit dem ganzen Körper nackt eintauchen und möglichst lange drinbleiben".

Gust war Jagdscheinbesitzer und hatte eine Waffe. Und da er Angst vor den Pferden hatte, erschoss er sie aus der Distanz und öffnete anschließend mit einem Messer die Bauchhöhle. Entdeckt wurde er nie.

Auch Einbrüche in Leichenhallen unternahm er, um die Leichen aufzuschneiden. Aber sie waren zu kalt. Und sie aufzuwärmen erschien ihm zu riskant.

Am 8. September 1994 ermordete Gust das erste seiner Opfer. Er war mit dem Auto unterwegs und hielt an, um eine Anhalterin mitzunehmen. Es gab keine Zeugen, als die Frau in sein Auto stieg. Katherine Jane Thomson war 34 Jahre alt und Südafrikanerin. Sie jobbte in den Niederlanden und trampte durch Europa. Als Gust sie traf, war sie auf dem Weg von Österreich nach Leiden in den Niederlanden. Auf einem einsamen Parkplatz hielt er unter einem Vorwand an, stieg aus und gab vor, den Autoschlüssel verloren zu haben. Gust erschoss Katherine Thomson von hinten, riss der Leiche die Kleider vom Leib und verging sich an ihr. Dann schnitt er seinem Opfer Kopf und Hände ab, um die Identifizierung zu erschweren.

Etwa ein Jahr nach diesem Mord heiratete er. Und ein weiteres Jahr später erkaufte er sich auf dem Essener Straßenstrich die Liebesdienste der 34-jährigen Prostituierten Svenja Ditt-

Alle Zitate und Informationen dieses Kapitels nach: Der Spiegel, 34/2005.

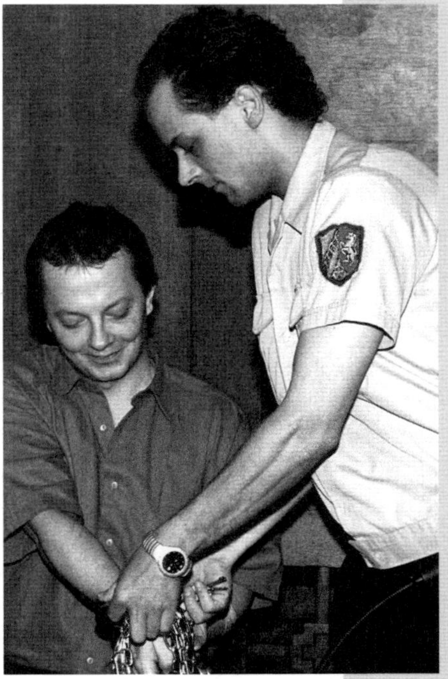

Frank Gust vor Gericht

mer-el-Din. Während des Beischlafs schoss er ihr mit der Pistole von hinten in den Kopf, öffnete die Bauchhöhle, entfernte fast alle Organe. Dann schnitt er ihr den Kopf ab und warf ihn am Fähranleger in Rheinberg-Orsoy in den Rhein.

Dem Psychiater wird er später erzählen, dass der Mord an der Prostituierten „wirklich verdammt dicht dran an meiner Wunschvorstellung (war)". Der absolute Kick wäre es, „beim Koitus einem sterbenden Opfer ans pochende Herz zu fassen".

Das nächste Opfer war eine angeheiratete Tante. Sie musste am 8. April 1998 sterben. Vermutliches Mordmotiv war die Angst, entdeckt zu werden, da seine Tante von seinen sadistischen Fantasien wusste. Ihr Leichnam konnte bis heute nicht gefunden werden. Die Ermittler nehmen an, dass auch die 48-jährige Gerlinde Neumann missbraucht, zerstückelt und anschließend in einem Waldstück vergraben wurde, in dem viele Wildschweine leben. Gust stellte die Tat in seiner Gerichtsverhandlung als Beihilfe zum Selbstmord dar. Dieser Behauptung schenkten die Richter jedoch keinen Glauben.

Der Mord an der Tante stellte für Gust eine Zäsur dar. Das Ausweiden erschien ihm nun nicht mehr so attraktiv. Vielmehr reizte es ihn, Menschen zu quälen.

Sein letztes Opfer, die 30-jährige Prostituierte Sandra aus der Wiesche, musste diese grausame Erfahrung machen. Sie stieg am 19. Juni 1998 am Essener Hauptbahnhof in das Auto ihres Mörders. Gust folterte sie brutal, ließ sein Opfer schließlich an einem Feldweg in Schermbeck aus dem Auto aussteigen, erschoss sie, schnitt ihre Hände ab und warf diese Dutzende Kilometer vom Tatort entfernt in einen Wald.

Nach einem Hinweis seiner Stiefschwester wurde Frank Gust im November 1999 verhaftet. Das Gericht verurteilte ihn zu lebenslanger Haft, anschließender Sicherheitsverwahrung und Einweisung in ein psychiatrisches Krankenhaus. Das hat Gust mittlerweile wieder verlassen und sitzt im normalen Vollzug. Er hat sich jeder Therapie verweigert und hält sich weder für therapiebedürftig noch -fähig.

In einem Brief an seine Frau schrieb er nach seiner Verurteilung: „Lange bevor wir uns kennen lernten, gab es in mir schon etwas, das ich nur unzureichend als ‚dunkle Seite' bezeichnen kann (...) Beispiel: Du und ich laufen durch ein Geschäft, und eine hübsche Frau kommt in mein Blickfeld. Ich sehe sie, denke: ‚hübsch' und das war's. Nun dieselbe Situation ohne deine Gegenwart. Ich sehe die Frau, und sobald ich sie nicht als hässlich einstufe, flammt sofort die Bezeichnung ‚Schlachtvieh' durch meinen Kopf. Alles um mich herum wird in Sekundenbruchteilen unwichtig, und es baut sich ebenso schnell eine genaue Vorstellung darüber auf, wie ich sie quäle und töte."

Ein Rentner sieht rot

Vergeltungs-Attentat auf einen Bochumer Chefarzt

Am 3. März 1999 gegen 20 Uhr wollte der Chefarzt der inneren Abteilung des Bochumer Augusta-Krankenhauses auf dem Klinikparkplatz an der Zeppelinstraße gerade zwei Taschen in seinem Fahrzeug verstauen, als zwei Mal auf ihn geschossen wurde. Ein Projektil traf seinen Rücken und zerriss Teile des Dünn- und Dickdarms, das andere sein Gesäß.

Trotz seiner Verletzungen konnte sich Prof. Dr. Karl Bremer zurück in das Krankenhaus flüchten. Eine Notoperation rettete sein Leben.

Der sofort alarmierten Polizei erklärte er später, ein älterer Mann habe auf ihn geschossen und sei mit einem dunklen VW-Polo geflüchtet. Der Arzt konnte sich auch das Autokennzeichen einprägen. Es gehörte zu einem Fahrzeug, das auf einen Autovermieter in Ludwigsburg zugelassen war. Trotz einer sofort eingeleiteten Ringfahndung blieb der Wagen zunächst verschwunden. Wie sich später herausstellte, konnte er jedoch nicht das Fluchtfahrzeug sein: Der Mietwagen war nachweislich zur Tatzeit in Ludwigsburg.

Aber schon drei Tage nach der Tat präsentierte die Bochumer Kriminalpolizei den Täter. Ein 68-jähriger Rentner aus Schwelm gestand, das Attentat verübt zu haben. Zwar habe er den Chefarzt nicht töten, sondern nur verletzen wollen. Sein Ziel sei es jedoch gewesen, den Arzt so leiden zu lassen, wie seine Frau leiden musste. Der Hintergrund der Tat: Der Schwelmer machte den Chefarzt für den Tod seiner Frau verantwortlich, die nach langer Krebserkrankung und erfolgloser Chemotherapie an einem Schlaganfall vier Jahre zuvor verstorben war.

Den entscheidenden Tipp erhielt die Polizei von einem Nachbarn des Rentners. Der kannte die Krankengeschichte von dessen Frau und auch die Vorwürfe gegen die Ärzte, in die sich der Täter immer mehr hineingesteigert hatte.

Prof. Bremer nahm drei Monate nach der Tat seine Tätigkeit wieder auf, obwohl das zweite Geschoss nicht aus dem Beckenknochen entfernt werden konnte und eine partielle Taubheit in der linken Gesäßhälfte und dem linken Bein hervorrief. Das Honorar, das eine Exklusivstory des Stern über die Tat einbrachte, spendete der Arzt einem medizinischen Verein.

Ende September 1999 verurteilte das Bochumer Landgericht den Schwelmer Rentner wegen gefährlicher Körperverletzung zu drei Jahren und neun Monaten Haft. Zu dem milden Urteil hatte auch beigetragen, so der Vorsitzende in seiner Urteilsbegründung, dass Prof. Bremer dem am Boden zerstörten Angeklagten im Gerichtssaal die Hand reichte.

„Geil wie ein Adrenalinstoß“

Ein Mord als Mutprobe in Herne

Die Nacht zum 7. Dezember 2001: In einer Herner Kneipe zechte ein 57-jähriger Lagerarbeiter, ein – wie es in Presseberichten hieß – friedlicher und gutmütiger Mensch. Zwei junge Männer, 19 und 24 Jahre alt, gesellten sich dazu und tranken mit. Später begleiteten sie den Älteren zu seiner Behausung, einem Wohncontainer auf einem nahe gelegenen Firmengelände. Dort schauten sie sich gemeinsam ein Porno-, später dann noch ein Gewaltvideo an. Irgendwann im Laufe der Nacht verständigten sich die beiden jungen Männern durch Blicke: Sie griffen zu einer Kordel, strangulierten ihr Opfer und stachen mit einem Messer etwa dreißigmal in den Oberkörper des Lagerarbeiters.

Aus dem Wohncontainer raubten sie Bargeld, ein Handy, die Stereoanlage und den Videorekorder. Ihre Beute teilten sie in der Wohnung des 24-Jährigen. Da sie aber das Videokabel in dem Container liegengelassen hatten, kehrte der Ältere der beiden dorthin zurück und stellte fest, dass der Lagerarbeiter noch nicht tot war. Daraufhin stach er mit dem

Messer erneut in Hals und Schläfe und schnitt dem Sterbenden schließlich noch die Kehle durch. Der Lagerarbeiter verblutete.

Aufgrund von Zeugenaussagen wurden die beiden Täter schnell gefasst und legten kurz darauf ein Geständnis ab. Die Tat sei von ihnen schon länger geplant gewesen, sagten sie aus. Sie wollten unbedingt wissen, „wie das so ist, wenn man einen umbringt".

Im Prozess vor dem Landgericht Bochum stellte der Richter laut einem Bericht der WAZ vom 27.6.2002 fest, dass die Männer „absolut abgestumpft, grausam und kaltblütig" vorgegangen waren. Es sei besonders heimtückisch, dass sich die Mörder den arglosen Lagerarbeiter ausgesucht hätten, so „wie ein Raubtier auf ein krankes, bereits verletztes Opfer trifft".

In seiner Aussage vor der Polizei hatte der 24-Jährige noch erklärt, die Tat sei „geil" gewesen. „Wie ein Adrenalinstoß." Obwohl die Täter sich durch Horror- und Gewaltvideos animiert fühlten, seien sie, so der psychiatrische Gutachter, voll schuldfähig. Eine psychische Erkrankung sei nicht feststellbar.

Der 24-Jährige erhielt eine lebenslange Haftstrafe. Außerdem wurde noch die besondere Schwere der Schuld festgestellt. Das schließt eine Entlassung nach fünfzehn Jahre aus. Auch der 19-Jährige, der nach Jugendstrafrecht abgeurteilt wurde, erhielt fast die Höchststrafe: neun Jahre und drei Monate.

Manipulierte Moorhuhn-Bilanzen

Börsenbetrug mit der Phenomedia AG *)

Es wurde (und wird) auf Millionen Rechnern gespielt: Das Ballerspiel Moorhuhn, bei dem es darum geht, in kurzer Zeit vielen der niedlichen Tierchen den Garaus zu machen. Das Spiel lief in jedem Internet-Browser, musste also nicht extra installiert werden. Und es war kostenlos. Mal eben in der Mittagspause die entsprechende Seite aufrufen, die Finger gelockert und los ging es. Mit dem Moorhuhnspiel zockten ganze Abteilungen. Es wurden Wettkämpfe ausgetragen, es gab Meisterschaften, Ranglisten. Das Jagdfieber grassierte dermaßen, dass manche Firmen ihren Mitarbeitern arbeitsrechtliche Konsequenzen androhten, um das Ballern während der Arbeitszeit zu unterbinden.

Dabei hatte alles so harmlos angefangen. Ursprünglich war das Moorhuhn als Bestandteil einer Whiskey-Werbung entwickelt worden. Von der Phenomedia AG aus Bochum-Wattenscheid, die damals aber noch nicht als Aktiengesellschaft firmierte. Im Mittelpunkt der Geschichte um die Jagd auf das Moorhuhn und das große Geld steht Markus Scheer. Mit 15 Jahre schon, so erzählt man sich, gründete er nach Abbruch seiner Ausbildung angeblich sein erstes Software-Unternehmen. Mit einer Fi-

**) Die heutige Phenomedia Publishing GmbH, die ebenfalls Computerspiele vertreibt und auch die Moorhuhn-Lizenz besitzt, hat mit der hier beschriebenen Gesellschaft nichts gemein. Nach der Insolvenz wurde das Kerngeschäft der Phenomedia AG an ein deutsch-niederländisches Konsortium verkauft. Das gründete die Phenomedia Publishing GmbH und übernahm rund 40 der ehemals 100 Beschäftigten. Diese Gesellschaft schreibt heute schwarze Zahlen.*

nanzspritze von der Oma und dem Gewerbeschein der Eltern, heißt es. 1992, mit gerade 22 Jahren, baute er mit anderen eine Werbeagentur auf. Diese Firma wurde später von der Funsoft-Gruppe geschluckt, dann mit einem Management Buy Out wieder herausgelöst, 1999 in Phenomedia umbenannt und an die Börse gebracht. Die ausgegebenen Aktien spülten - auf Euro umgerechnet - rund 22 Millionen in die Kassen des jungen Unternehmens; eine Menge Knete, wenn man berücksichtigt, dass der Umsatz gerade einmal 4,8 Millionen betrug.

Aber dann kam das Moorhuhn. Nach dem Frühjahr 2000 stieg der Umsatz von 16,3 auf knapp 26 Millionen im Jahr 2001. Der Börsenkurs der Aktie kletterte scheinbar unaufhaltsam.

Keine Besonderheit in dieser Zeit. Der Goldrausch des beginnenden Jahrtausends trug den Namen „Neuer Markt". Selbst die Erfinder der aberwitzigsten Geschäftsideen wurden mit Startkapital geradezu zugeschüttet, wenn sie auf ihre Präsentationen nur groß genug „Internet" schrieben. Aktiengesellschaften wurden von jungen Leuten gegründet, die gerade einmal wussten, wie man das Wort „Bilanz" schreibt. Und die Investoren trieben die Aktienkurse dieser Firmen nach oben – Lemminge, der Gier nach dem schnellen Geld folgend.

Auch die Phenomedia AG mit Markus Scheer an der Spitze folgte diesem „Schneller, Höher, Weiter". Die Gesellschaft hatte im Frühsommer 2000, auf dem Höhepunkt der Blase, einen Papierwert von rund 400 Millionen Euro. Der Markt lechzte nach Erfolgen, und nur mit Erfolgen konnte der Aktienkurs oben gehalten werden. Dummerweise aber standen diese bei der Phenomedia AG nur auf dem Papier. Ihre Zahlen waren frei erfunden. Und auch die Erlöse aus dem Börsengang waren Ende 2000 schon zur Hälfte aufgebraucht. Wohin aber waren die Millionen geflossen? Und die Bilanz der Gesellschaft verzeichnete einen rapiden Anstieg an Forderungen gegenüber Dritten, die meisten davon waren allerdings Luftbuchungen, also nicht werthaltig.

Erstaunlich, dass der Aufsichtsrat der Phenomedia AG davon nichts mitbekommen hatte. Und auch die Wirtschaftsprüfer testierten zunächst brav die gefälschten Bilanzen. Dann aber, im Frühjahr 2002, folgte der größte Knall der Moorhuhn-Gesellschaft. Der Vorstand informierte seinen Aufsichtsrat und auch die zuständige Staatsanwaltschaft über die Bilanzfälschung.

Wie sich später herausstellte, hatten Markus Scheer und andere aber vorher noch schnell Kasse gemacht: Am 15. April 2002, kurz vor Bekanntgabe der Unregelmäßigkeiten, wurden an der Börse eine Million Aktien verkauft. Das Vierzehnfache des Durchschnitts anderer Tage. Allein Markus Scheer soll fünf Millionen Gewinn eingesteckt haben.

Wie die armen Hühner in dem Spiel gingen auch die Aktienkurse der Phenomedia AG nach Bekanntwerden der Gaunereien in den freien Sturzflug über. Der Wert des Papiers fiel in wenigen Tagen von 14 Euro auf ein paar Cent. Mehr als vier Jahre dauerten die Ermittlungen der Staatsanwaltschaft. In der Presse wurde darüber spekuliert, dass ein Deal zwischen Ankläger und Verteidiger vorbereitet würde und das Management der Phenomedia AG möglicherweise mit einem blauen Auge davon kommen könne. Nichts davon trat ein. Im Februar 2002 wurde Markus Scheer wegen Betrugs, Bilanzfälschung und Untreue verurteilt. Er erhielt drei Jahre und zehn Monate Haft, sein Kollege und Finanzvorstand drei Jahre. Das Moorhuhn-Spiel gibt es immer noch.

Juli 2001

Just Call Me Lucifer

Der „Satansmord" von Witten

Das Ehepaar Manuela und Daniel Ruda aus Witten war frisch verheiratet und auf dem Sprung in die Flitterwochen, als sie den 33-jährigen Frank Hackerts, einen Arbeitskollegen des Ehemannes, in die eigene Wohnung einluden. Dort brachten sie ihn mit insgesamt 66 Messerstichen und Hammerschlägen um. Erst ein DNA-Test konnte seine Identität später zweifelsfrei klären.

Die Leiche wurde am 6. Juli 2001 gefunden. Sie lag neben einem Eichensarg und künstlichen Totenschädeln. Die Wände waren mit SS-Runen bemalt. Auf einem der Fenster der Wohnung stand der Schriftzug: „When Satan lives". Das Opfer hatte sich anscheinend nicht gewehrt.

Das Ehepaar wurde zur Fahndung ausgeschrieben. Die Staatsanwaltschaft setzte eine Belohnung von 3.000 Mark aus. Das Fahndungsfoto zeigte zwei martialisch aussehende junge Menschen mit teilrasierten Köpfen, behängt mit Ketten und großen Tattoos auf den Armen.

Die Boulevardpresse prägte daraufhin den Begriff „Satansmord von Witten", anscheinend inspiriert von einer ähnlichen Tat, die acht Jahre früher die Öffentlichkeit aufgerüttelt hatte. In Sondershausen war Sandro Beyer von drei Mitgliedern einer neonazistischen Band ermordet worden. Diese Tat wurde in der Presse als der „Satanistenmord von Sondershausen" bezeichnet.

In der Wohnung der Rudas fand sich eine Liste von Namen, darunter auch der der Mutter Sandro Beyers. Während der Er-

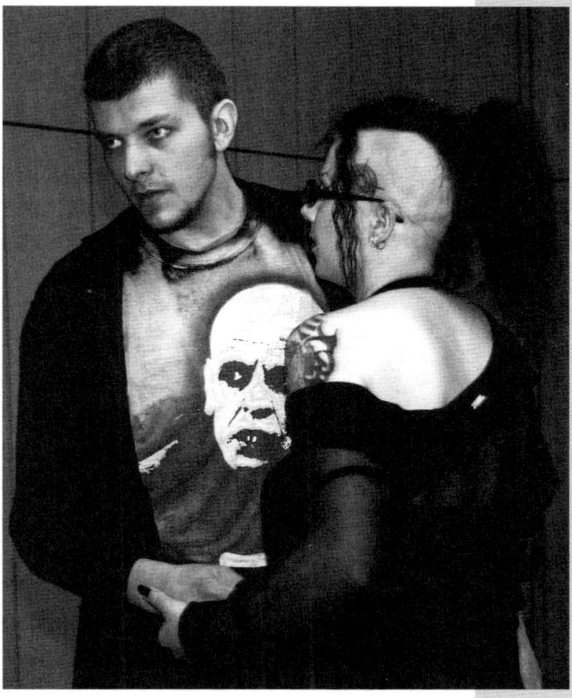

Manuela und Daniel Ruda am Rande ihrer Gerichtsverhandlung

mittlungen stellte sich heraus, dass das Paar auch den Friedhof besucht hatte, auf dem Beyer begraben lag. Außerdem hatte Daniel Ruda Kontakte zur Neonazi-Szene. Einer seiner engsten Freunde war ein aktiver Neonazi aus Moers. Und 1998 unterstützte Ruda die Recklinghäuser NPD im Bundestagswahlkampf.

Die Rudas flüchteten mit ihrem eigenen Wagen, einem beigefarbigen Opel Vectra. Das erwies sich für sie als keine besonders gute Idee, war das Fahrzeug doch auffallend dekoriert:

Deftige Gesten ...

Auf der Heckscheibe prangte ein rotes Pentagramm, die Türen zierte ein Liedtitel einer bekannten Gothic-Band, an weiteren Stellen fanden sich auffällige Ornamente. Schon in Hannover fiel das Paar in einer Autowerkstatt auf, wo es sich neue Reifen besorgte. Und wenig später wurde das Fahrzeug an einer Tankstelle im thüringischen Sondershausen gesehen.

Schließlich wurden die Rudas in einer Plattenbausiedlung bei Jena festgenommen. Obwohl sie das Fahrzeugkennzeichen an ihrem Wagen durch ein gestohlenes ersetzt, die okkulten Schriftzüge am Fahrzeug teilweise entfernt und sich die Schädel glattrasiert hatten, waren sie einem Autofahrer aufgefallen. Die Polizei hatte keine Schwierigkeiten, das Paar festzunehmen. In den Türfächern des Fluchtwagens fanden die Ermittler zwei Pistolen und ein Messer.

Im Januar 2002 wurde im Bochumer Landgericht das Verfahren gegen die Rudas eröffnet. Beide waren geständig, bezeichneten sich aber nicht als Mörder. Im Gerichtssaal traten sie wild geschminkt auf, machten obszöne Gesten, zogen Grimassen, zeigten den Satansgruß – diese beispiellose Selbstinszenierung war wie ein Geschenk für die Boulevardmedien. Manuela Ruda sagte im Prozess aus, dass die Tat von Satan angeordnet worden sei. „Sein Wort ist Gesetz, und das muss gemacht werden."

Dass Frank Hackerts zum Opfer wurde, war wohl eher ein Zufall. Es sei nicht böse gemeint gewesen, erklärte die Ange-

... und wenig Reue vor Gericht

klagte. Sie beide hätten Hackerts schließlich gemocht. Außerdem sei er ja nicht tot, sondern immer noch da. Und Daniel Ruda ergänzte, Hackerts sei immer so lustig gewesen. Da habe er Satan einen Hofnarren schenken wollten.

So ganz passte die Aussage nicht zum Ablauf der Tat. Diese war, so die Angeklagten, nämlich nicht geplant gewesen. Kurz nachdem Hackerts ihre Wohnung betreten habe, so Manuela Ruda, hätten sie und ihr Mann im Wohnzimmer die Anwesenheit dunkler Mächte verspürt, die von ihnen Besitz ergriffen hätten. Ihr Mann sei in das Schlafzimmer gegangen, habe einen Hammer geholt und damit auf Hackerts eingeschlagen. Sie selbst habe den Befehl erhalten, „einen Herzstich zu setzen“. Ein Messer habe grün geschimmert. Da habe sie sicher gewusst, dass der Teufel ihr die Tat befehle, und sie habe zugestoßen.

„Ich habe dann noch ein Licht flackern gesehen über ihm“, erklärte sie weiter. Sie hätten nur das Beste für ihr Opfer gewollt. Daniel Ruda erklärte die Tat damit, dass sie nur ein Werkzeug gewesen seien. Deshalb seien sie unschuldig. Schließlich werde bei einem Autounfall ja auch nicht das Fahrzeug angeklagt, erläuterte er.

In ihrer Vernehmung berichtete Manuela Ruda, dass sie seit einigen Jahren engen Kontakt zur Satanistenszene pflege. 1997/98 hätten sie in einem Café in London Vampire kennengelernt. Lichtscheu seien diese gewesen, hätten genetische Veränderungen aufgewiesen. Man habe sich gegenseitig Blut ausgesaugt und Rituale gefeiert.

Im Prozess wurde auch der Sachverständige Norbert Leygraf gehört. Er kam zu dem Schluss, dass das Paar den Mord von langer Hand vorbereitet habe. Manuela Ruda habe sogar im Vorfeld Antidepressiva wegen der Tat genommen. Das Unrecht sei ihnen klar gewesen. Beide hätten sich von der Außenwelt mehr und mehr distanziert, andere Menschen als minderwertig betrachtet. Sie litten unter einer schweren seelischen Abartigkeit und einer narzisstischen Persönlichkeitsstörung und seien deshalb in ihrer Steuerungsfähigkeit zum Tatzeitpunkt erheblich eingeschränkt gewesen.

Folgerichtig beantragte der Staatsanwalt die Unterbringung des Paares in einer psychiatrischen Klinik. Das Gericht verurteilte Daniel Ruda, der die Hauptschuld auf sich nahm, wegen gemeinschaftlichen Mordes zu 15 Jahren, seine Frau zu 13 Jahren Haft. Beide wurden in die Psychiatrie eingewiesen.

Drei Jahre nach der Verurteilung publizierte Daniel Ruda ein Buch über die Tat. Darin schreibt er, nichts von dem Mord mitbekommen zu haben. Seine Frau sei schuld gewesen. Er habe die Sache mit dem Teufel vor Gericht nur erfunden, um seine Frau zu schützen. Satanist sei er nie gewesen. Trotzdem sei es schade, dass so viele Menschen den Satanismus falsch darstellten. Vielleicht trug das Buch dazu bei, dass beide sich während ihrer Haft scheiden ließen.

Anfang Juli 2011 stellte der Verteidiger von Daniel Ruda den Antrag, seinen Mandanten nach Verbüßung von zwei Dritteln der Strafe zu entlassen. Das zuständige Gericht lehnte dies vor allem deshalb ab, weil sich Ruda jeder Therapie verschließe. Er wird den Rest seiner Strafe in der JVA Bochum absitzen müssen, Manuela Ruda befindet sich derweil in der Psychiatrie in Lippstadt-Eickelborn.

Dass Daniel Ruda schließlich Bestandteil eines eigenartigen Kunstwerks der Körperkünstlerin Diana Dart wurde, ist auch nicht mehr als eine Fußnote in dieser grausamen Geschichte. 2004 stellte die Künstlerin in Berlin eine Puppenplastik vor: Sid Vicious, der tote Bassist der Sex Pistols mit Hakenkreuz auf dem T-Shirt, und der Sexualmörder Frank Schmökel. Dazwischen Ruda, Blut läuft aus seinem Mund und auf seinem T-Shirt steht: „Hate".

Pleased to meet you
Hope you guess my name
(The Rolling Stones)

2005

Guten Appetit!

Der Gammelfleisch-Skandal von Gelsenkirchen

Die Geschäfte seiner Firma Domenz führte der 39-jährige Uwe Domenz von einem Apartment im Gelsenkirchener Hotel Maritim aus. Seine Branche: Fleischhandel. Jedoch ohne Mitarbeiter. Ein Ein-Mann-Unternehmen. Und auch ohne eigene Kühl- oder Lagerhäuser. Die wurden bei Bedarf einfach angemietet.

Bei einer unangemeldeten Routinekontrolle am 27. Oktober 2005 in einem dieser angemieteten Kühlräume wurden Beamte der Gelsenkirchener Lebensmittelüberwachung fündig. Sie stießen auf rund drei Tonnen Roastbeef und Putenfleisch, welches umverpackt werden sollte. Fleisch, das nur als Tierfutter eingesetzt werden konnte, weil sein Haltbarkeitsdatum abgelaufen war. Daraufhin beschlagnahmten die Beamten das Gammelfleisch und durchsuchten die Firma „Domenz Fleisch Im- und Export" in ihrem Hotel-Büroraum.

Schnell stellte sich heraus, dass das Unternehmen an Abnehmer in ganz Deutschland geliefert hatte. Allein in Hamburg wurden elf Tonnen Fleisch beschlagnahmt, weitere Lieferungen gingen nach Niedersachsen und Brandenburg. In Gelsenkirchen lieferte der Händler im Jahr 2005 über 38 Tonnen an vier Großabnehmer.

Darf wieder Geschäfte machen: Uwe Domenz

Dabei war die Masche immer identisch: Domenz kaufte vor allem Schlachtabfälle oder Fleisch, dessen Haltbarkeitsdatum abgelaufen war, von verschiedenen Großschlachtereien. Laut einem Bericht von Report Mainz vom 25. September 2006 auch von der Schlachterei Barfuss in Oer-Erkenschwick.

In solchen Unternehmen fallen Hunderte Tonnen von Schlachtabfällen an, die häufig weiterverkauft werden. Allerdings mit ordentlichen Papieren, auf denen gut sichtbar der Hinweis steht, dass dieses Fleisch nicht für den menschlichen Verzehr geeignet ist. Domenz schwärzte diesen Hinweis und verkaufte das Produkt nach Medienberichten unter anderem für die Herstellung von Döner.

Eine weitere Schlachterei hatte ihren Sitz in Dänemark. Sie lieferte rund 80 Tonnen Putenhack, dessen Mindesthaltbarkeitsdatum bereits verstrichen war. Obwohl die Charge schon graue Verfärbungen zeigte, sollte sie zu Bratwürsten und anderen Wurstwaren weiterverarbeitet werden.

Auch sogenanntes Stichfleisch (das Fleisch rund um die Einstichstelle zum Entbluten) soll Domenz als Schweinefilets deklariert haben. Billigeres Straußenfleisch wurde durch einfaches Umetikettieren zu Rindergulasch.

Allerdings, so beruhigten die zuständigen Behörden, habe zu keiner Zeit eine Gefährdung der Verbraucher bestanden. So ganz trauen mochten die Kunden den Versicherungen der Experten jedoch nicht. Zu unappetitlich lasen sich die Presseberichte. Sie reagierten verständlicherweise nervös. Die Gelsenkirchener Metzgereien etwa versuchten, mit Unbedenklichkeitsbescheinigungen das Vertrauen der Konsumenten zurückzugewinnen. Mit zunächst nur mäßigem Erfolg.

Laut einem Bericht der Frankfurter Allgemeinen Zeitung erklärte der damalige NRW-Landwirtschafts- und Verbraucherminister Eckhard Uhlenberg, es handele sich nur um „einige schwarze Schafe". Dem widersprach der Hauptgeschäftsführer des Westfälisch-Lippischen Bauernverbandes in einer Sendung des WDR: „Die versuchen, kurz bevor Fleisch entwertet werden muss, also hochwertig entsorgt werden muss, was teuer ist, das möglichst noch auf den Markt zu bringen, um dann noch einen schnellen Euro zu verdienen", zitiert die FAZ.

Im März 2007 wurde Uwe Domenz wegen gewerbsmäßigen Betrugs und Verstoßes gegen das Lebensmittelrecht zu 42 Monaten Gefängnis verurteilt. Außerdem wurde ihm ein dreijähriges Berufsverbot auferlegt. Wie der Stern berichtete, bezeichneten die Richter den Angeklagten in ihrer Urteilsbegründung als „Restpostenhändler". Den Behauptungen des Angeklagten, er sei immer davon ausgegangen, sich korrekt zu verhalten, schenkte das Gericht keinen Glauben. Vielmehr vertrat das Gericht die Auffassung, Uwe Domenz habe seine Abnehmer bewusst getäuscht.

Dass das Misstrauen der Kunden in Gelsenkirchen gegenüber den „Metzgern ihres Vertrauens" wohl doch nicht so ganz unbegründet war, zeigt ein Verfahren, das knapp zwei Jahre später gegen den Inhaber einer der bekanntesten Fleischereien am Ort geführt wurde. Vor Gericht verantworten musste sich der 61-jährige Dirk St. Auch ihm warf die Staatsanwaltschaft gewerbsmäßigen Betrug vor. Dirk St. wies die Vorwürfe zurück. Er habe sich nichts zuschulden kommen lassen, erklärte er.

Auch ihm glaubte das Gericht nicht und verurteilte ihn zu einem Jahr Gefängnis auf Bewährung, einer Geldstrafe von 5.000 Euro und drei Jahren Berufsverbot. Seine Anwälte legten zunächst Berufung gegen das Urteil ein, zogen diese dann aber später zurück.

Dirk St. sah sich auch noch nach Prozessende als ein Opfer der Medien. Die WAZ zitiert ihn mit den Worten: „Ich habe nie schlechte Ware verarbeitet: Nur das, was auch bei uns zu Hause auf den Tisch kommt, ging über die Ladentheke."

Ach so. Dann ist ja alles geklärt. Guten Appetit.

2006

Zu Besuch in Tötensen

Raubüberfall auf den „Pop-Titan"

Gibt man die Begriffe „Dieter Bohlen" und „Überfall" bei einer großen Internet-Suchmaschine ein, kann man sich auch heute noch das Originalvideo des Überfalls auf den Musikproduzenten Dieter B. anschauen. Nein, RTL war damals nicht vor Ort, es war Bohlens Tür-Überwachungskamera, die diese durchaus spannenden Bilder lieferte. Pardon, Herr Bohlen, aber bei uns kämen Sie damit auf alle Fälle ins Recall. Doch zurück zum 11. Dezember 2006, in die Metzendorfer Straße in Tötensen bei Hamburg. Und zur Frage, was das Ganze eigentlich mit dem Ruhrgebiet zu tun hat.

Auf den immer noch im Netz kursierenden Videos sieht man zwei maskierte Burschen mit Pistolen in der Hand (Schreckschuss, wie sich später herausstellte), die sich zunächst den Gärtner geschnappt hatten, um dann mit seiner Hilfe in das Haus einzudringen. Was anschließend drinnen passierte, sieht man nicht. Heute weiß man, dass die Täter auch Bohlens Haushälterin sowie seine damalige Freundin Carina überwältigten, fesselten und dann den Hausherrn zwangen, seinen Tresor zu öffnen.

Anschließend gibt es wieder Video-Material: von dem Disput der beiden Maskierten mit Dieter Bohlen vor dessen Haustür. Von hektischem Hin- und Hergelaufe, Rangeleien und schließlich von einem in großen Sätzen flüchtenden Dieter Bohlen.

Die Überwachungskamera dokumentiert das Geschehen vor Dieter Bohlens Haustür: rechts der Hausherr kurz vor seiner Flucht

Während dieser also kurz seine Freundin nebst Bediensteten im Stich ließ, beim Nachbarn die Polizei und die BILD-Redaktion alarmierte, packten die Täter ihre Beute, flüchteten zunächst per Taxi nach Bremen, und fuhren von dort mit der Bahn wieder nach Hause.

„Nach Hause" bedeutete für den zur Tatzeit 17-jährigen Tom F. und seinen Kumpel Osman Z. (18) nach Recklinghausen, wo die beiden bislang ziemlich unbescholten lebten und wohl auch nie aufgeflogen wären, wenn sie die Klappe gehalten hätten. Aber das war wohl nicht ihr Ding, genauso wenig es das des Dieter B. war, der zunächst der BILD-Zeitung und anschließend der Kripo erzählte, wie die brutalen und zu allem entschlossenen Täter ihm Todesangst einjagten und ihn anschließend ausraubten.

Die Schlagzeilen am folgenden Tag waren natürlich dementsprechend groß. 60.000 Euro sollten die Täter erbeutet sowie alle Beteiligten traumatisiert haben. Es war übrigens auch nicht der erste Besuch finsterer Gestalten in der Bohlen-Villa in Tötensen: 2003 hatten Unbekannte einen Geländewagen vom Hof gestohlen, zwei Monate später wurde dann in Bohlens Abwesenheit die Villa leer geräumt. Im Jahr zuvor hatte der „Pop-Titan" auf vermeintliche Einbrecher geschossen, die sich allerdings als Polizisten entpuppten.

Während Bohlen vor den Kameras jammerte und klagte, kauften sich die Täter von dem erbeuteten Geld Fitnessgeräte, Handys und „Klamotten". Als sie Anfang Juli 2007, ein halbes Jahr nach der Tat, festgenommen wurden, war von der Beute nichts mehr übrig. Die geständigen Recklinghäuser sprachen bei ihrer Vernehmung allerdings nur von 30.000 Euro. Und weil sie ansonsten alles zugaben, für ihre Tat büßen und sich bei Bohlen entschuldigen wollten, ging es in dem anschließenden Prozess nur noch um zwei Fragen: Wieviel die Täter denn nun wirklich erbeuteten, und wer sie verpfiffen hatte, um die Belohnung von 5.000 Euro zu kassieren.

Letztere Frage wurde weder in dem Prozess noch danach beantwortet. Das Land Niedersachsen, aus dem der Kripo-Informant stammen soll, weigerte sich aus Gründen des Zeugenschutzes, die Identität des Tipp-Gebers preis zu geben. Offenbar hatten Osman Z. und Tom F. mit ihrer Tat geprahlt. Was in etwa so clever war wie der Einfall, vor Gericht in einer Jacke zu erscheinen, die von der Beute gekauft worden war.

Verhandelt wurde der Raubüberfall in Recklinghausen, weil im Falle von Jugendstrafsachen immer der Wohnort der Tatverdächtigen maßgeblich ist. Da zu dem Prozess auch Dieter Bohlen nebst Carina, Hausmeister und Haushälterin als Zeugen geladen wurden, war das Medieninteresse gewaltig. Nur noch 27 „normale" Zuschauer passten in den Verhandlungssaal. Ticketwünsche für die Verhandlung gab es allerdings zu

Gewaltiger Medienauftrieb für den „Pop-Titan" vor dem Gericht in Recklinghausen (mit Freundin Carina)

Hunderten. Schließlich kommt ein Pop-Titan nicht alle Tage nach Recklinghausen, selbst wenn er in diesem Fall mal keinen Superstar suchte.

Während Dieter Bohlen vor Gericht erzählte, dass alle Beteiligten schwer traumatisiert seien und wegen permanenter Angst das Leben nicht mehr richtig genießen könnten, und dass seine Villa inzwischen einer Festung gleiche, sprach die Verteidigung von „Milchbubis", „kleinen armen Wichten", die völlig unprofessionell und dilettantisch zu Werke gegangen seien. Was ungefähr so aussah:

Zwei Jungs ohne große Perspektive, die nicht viel Geld hatten und nicht viele Freunde, verfolgten im Fernsehen eine Sendung über Superreiche, fassten den Plan, einen solchen zu überfallen, und suchten anschließend im Internet gezielt nach möglichen Opfern. Sie fanden Dieter Bohlen nebst Adresse sowie Fotos des Bohlenschen Anwesens. Daraufhin beschafften sie, ordentlich auf einem Einkaufszettel notiert, Schreckschusspistolen, Messer, Handschuhe, Plastiktüten und weitere Werkzeuge. Nachdem sie entsprechende „Machbarkeitsstudien“ angestellt hatten, packten sie ihre Rucksäcke nebst Proviant (Schokobrötchen) und fuhren per Mitfahrzentrale nach Niedersachsen. Wo sie dann Beute machten.

30.000 Euro, wie sie angaben, oder 60.000 Euro, wie Dieter Bohlen behauptete? Auch diese Frage konnte vor Gericht nicht abschließend beantwortet werden. Die Aussagen von Tätern und Opfer standen bis zuletzt gegeneinander. Den Verdacht eines Versicherungsbetruges konterte Bohlen mit dem Hinweis, dass sein Bargeld sowieso nur bis zur Höhe von 10.000 Euro versichert sei.

Als die Jugendstrafkammer des Landgerichtes Bochum, Außenstelle Recklinghausen, zu ihrem Urteil kam, war keiner der Widersprüche geklärt. Drei Jahre Jugendhaft - und auch die Reaktionen der Täter darauf wurden widersprüchlich dargestellt. „Erleichterung“ will die BILD-Zeitung bei den Verurteilten bemerkt haben, die WAZ dagegen beobachtete Schock und Trauer. Lediglich Dieter Bohlens Kommentar zum Urteil wurde von allen Medien unisono vermeldet: Strafmaß zu niedrig.

Seit 2010 sind die beiden Täter wieder in Freiheit - auf Bewährung. Von Tom F. ist zu vermelden, dass er offenbar erfolgreich im bürgerlichen Leben Fuß gefasst hat. Und seine Tat aufs Tiefste bereut.

Blutspur durch Deutschland

Rechter Terror auch in Dortmund

Mehmet Kubasik war das achte Opfer. Der 39-Jährige betrieb an der Mallickrodtstraße 10 im Dortmunder Norden einen Kiosk. Am 4. April 2006 trafen ihn mehrere Schüsse ins Gesicht. Er war sofort tot.

Geschossen wurde aus einer tschechischen Ceska, Typ 83, Kaliber 7,65 mm. Mit genau dieser Waffe wurden schon vor dem Mord an Kubasik sieben Männer regelrecht hingerichtet, ein weiterer starb nur zwei Monate nach dem Mordanschlag in Dortmund.

Das erste Opfer starb möglicherweise aufgrund einer Verwechslung: Der Blumenhändler Enver S. war für einen Kollegen eingesprungen, der sich an diesem 9. September 2000 freigenommen hatte. Enver S. wurde von acht Schüssen in Kopf und Oberkörper tödklich verletzt. Seine Leiche fand die Polizei in seinem Transporter an einer belebten Straße in Nürnberg.

Die weiteren Opfer:

Abdurrahim Ö. Der 49-jährige Schneider starb am 13. Juni 2001 in seinem Nürnberger Laden durch zwei Kopfschüsse;

Süleymann T. Am 28. Juni 2001 wurde der 31-jährige Gemüsehändler in seinem Laden in Hamburg tot aufgefunden. Die Schüsse waren aus zwei Waffen abgefeuert worden, eine davon war eine Ceska;

Habil K. war ebenfalls Gemüsehändler. Auch auf ihn wurde mit der Ceska in seinem Gemüsegeschäft in München gefeuert;

Yunus T. Der 25-Jährige arbeitete an seinem Döner-Stand in Rostock, als ihn die Schüsse trafen;

Ismail Y. Der 50-jährige war ebenfalls Döner-Verkäufer. Er wurde am 9. Juni 2005 in seinem Laden erschossen. Zeugen meinten, zwei Männer gesehen zu haben, die etwas in einem Rucksack verstauten;

Theodorus B., der einzige Grieche unter den ansonsten türkischstämmigen Opfern. Er war mit vielen Türken befreundet und hatte gerade einen Schlüsseldienst in München eröffnet, als ihn am 15. Juni 2005 in München die tödlichen Schüsse trafen;

Halit Y. Er starb am 6. April 2006 in Kassel in einem Internet-Café.

Die Ermittler der Soko Bosporus des Bundeskriminalamts tappten viele Jahre im Dunkeln. Es existierten keine DNA- oder Faserspuren, keine Fingerabdrücke und keine verwertbaren Zeugenaussagen. Nur die Ceska. Das Wichtigste aber: Es gab anscheinend kein erkennbares Motiv. Rätselhaft war auch, warum die Täter bei den Morden ein so hohes Risiko eingingen. Sie mordete am Tag, an belebten Straßen, unter den Augen von Zeugen.

Die Spekulationen blühten. Waren die Täter im Auftrag einer kriminellen Organisation unterwegs, mit der die Opfer zu tun hatten? Oder handelte es sich vielmehr um Psychopathen, die wahllos Ausländer töteten?

Die Fahnder drehten sich im Kreis. Bis zum 4. November 2011. An diesem Tag überfielen zwei Männer, Uwe Mundlos und Uwe Bönhardt, in Eisenach eine Bank. Als sie erkannten, dass sie von der Polizei eingekreist waren, setzten sie das Wohnmobil in Brand, welches ihnen als Versteck und Fluchtfahrzeug diente. Dann erschossen sie sich. Gegen 15 Uhr, drei Stunden

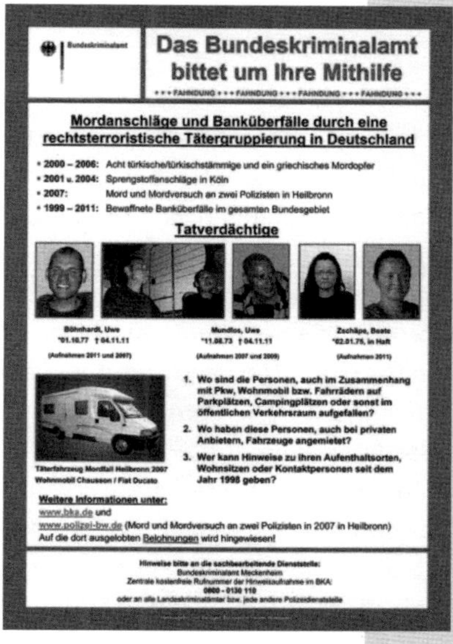

Mit einer bundesweiten Plakataktion sucht das BKA weitere Informationen zum rechten Terror.

nach dem Überfall, zerstörte eine Explosion in Zwickau eine Wohnung in einem Mietshaus. Am Tatort gesehen wurde Beate Zschäpe, die mit Bönhardt und Mundlos diese Wohnung bewohnte.

Es dauerte nicht lange, bis die Strafverfolgungsbehörden den Zusammenhang zwischen beiden Ereignissen erkannten. Und dann, am 11. November, folgte die Überraschung: Im Brandschutt der Zwickauer Wohnung wurde die Ceska entdeckt, mit der die eingangs beschriebenen Morde begangen worden waren.

Keine Tat von Schutzgelderpressern also, wie zunächst spekuliert wurde. Nein, die neun Männer musste nur deshalb sterben, weil sie andere Namen trugen, anders aussahen, vielleicht anders sprachen. Sie wurden ermordet, weil sie nach der kruden Ideologie des „Nationalsozialistischen Untergrunds" („NSU") nicht nach Deutschland gehörten.

Einige Tage nach dem Wohnungsbrand stellte sich Beate Zschäpe in Begleitung eines Anwalts der Polizei. Sie wurde in Untersuchungshaft genommen und schweigt seitdem.

Dann überschlugen sich die Ereignisse. Im Wohnmobil der Neonazis wurde die Dienstwaffe einer in Heilbronn umgebrachten Polizistin gefunden, im Brandschutt der Wohnung mehrere Bekennervideos, aus denen hervorging, dass der „NSU" auch für ein Sprengstoffattentat in Köln verantwortlich war.

Fast täglich berichtete die Presse über weitere Details. Und in der Folge verhaftete die Polizei weitere Unterstützer und Mitwisser. Langsam reifte die Erkenntnis, dass es sich bei dem militanten Rechtsradikalismus eben nicht um die Taten ideologisch verblendeter Einzeltäter handelte, sondern dass dahinter ein zu allem entschlossenes Netzwerk stehen müsste.

Das Entsetzliche: Einige der Taten hätten vermutlich verhindert werden können. Aber dazu wäre es notwendig gewesen, dass die Strafverfolgungsbehörden die Hinweise ernst genommen hätten, die auf ihren Tischen lagen. Stattdessen verdichtet sich der Eindruck, dass Polizei und Verfassungsschutz mehr gegen- als miteinander gearbeitet haben. Und dass die verdeckt in der Szene arbeitenden V-Leute entweder überflüssig waren oder aber ihren Führungsleuten bewusst falschen Informationen zuspielten.

Es ist nicht auszuschließen, dass die Mörder der „NSU" auch bei ihrem Anschlag auf den Dortmunder Mehmet Kubasik Helfer hatten. Denn eine sehr aktive rechtsradikale Szene treibt gerade in Dortmund ihr Unwesen.

Eine Leiche in der Tonne

Der Mord an einem Essener Apotheker

Die Meisenburg-Apotheke liegt in der Bredeneyer Straße in Essen. Sie gehörte bis zu seinem Verschwinden am 19. Juni 2006 dem 40-jährigen Mario Willmes. Der Apotheker war 183 cm groß, schlank und trug sein dunkelblondes Haar kurz. Den letzten Kontakt zu ihm hatte seine Mutter. Sie sah ihn an diesem Tag gegen 18.30 Uhr in seiner Apotheke zum letzten Mal. Danach war er verschwunden. Als ihr Sohn einige Tage später immer noch nicht wieder aufgetaucht war, erstattete sie Vermisstenanzeige. Am 29. Juni richtete die Polizei eine Mordkommission ein.

Der Roadster auf dem Parkplatz im Essener Ostviertel

Willmes fuhr einen roten Smart-Roadster, auf dessen Motorhaube und Türen gut sichtbar die schwarze Zahl 5 lackiert war. Den mit seinem Besitzer verschwundenen Wagen sichteten Beamte eines Spezialkommandos zur Bekämpfung der Straßenkriminalität am Abend des 3. Juli an einer Straßenkreuzung im Essener Ostviertel. Das Fahrzeug wies keine Einbruchsspuren auf. Die Polizisten legten sich auf die Lauer und tatsächlich: Wenig später näherten sich zwei Männer, die mittels Fernbedienung das Fahrzeug öffneten. Kurz darauf klickten Handschellen. Bei der Durchsuchung der beiden Verdächtigen entdeckte die Polizei tatsächlich die Fernbedienung und Schlüssel des Roadsters. Auch der Führerschein des vermissten Willmes fand sich in ihren Taschen.

Die beiden gaben an, sich den Wagen von einem Bekannten ausgeliehen zu haben, und nannten dessen Namen und Adresse. Auch dieser wurde wenig später festgenommen.

Einen Tag später machten Polizisten auf dem Gelände der früheren Fettfabrik Felten in Essen-Freisenbruch einen grausigen Fund: In einem Fass entdeckten sie eine Leiche, der die Füße abgesägt und die mit mehreren Handschellen gefesselt worden war. Es handelte sich um die sterblichen Überreste von Mario Willmes, die spätere Obduktion ergab: Tod durch Ersticken.

Kurz darauf wurde Timm Haucke festgenommen, Hausmeister des Hauses, in dem sich die Meisenburg-Apotheke und die Wohnung von Willmes befand. Ein Bekannter Hauckes hatte der Polizei den entscheidenden Tipp gegeben. Dessen Geschichte, die Bild-online verbreitete, klingt so unglaubwürdig wie grotesk: Der Tippgeber habe, so berichtete das Boulevardblatt, von Haucke ein Fass in Verwahrung genommen. Nach einigen Tagen sei ihm der bestialische Gestank aufgefallen. Nach dem Öffnen des Fasses habe er die Leiche gefunden. Da, so sein Anwalt laut Bild, „schwante ihm Böses".

Die Apotheke in der Bredeneyer Straße

Die Polizei rekonstruierte den Ablauf des Verbrechens so: Unter einem Vorwand verschaffte sich der kräftige Hausmeister, der früher als Dachdecker gearbeitet hatte, Zugang zu der Wohnung von Willmes. Dort fesselte er den Apotheker und zwang ihn, die Geheimnummer seiner Kreditkarte preiszugeben. Diese übergab Haucke später einem 29-jährigen Komplizen, der damit knapp 3.000 Euro vom Konto des Getöteten abhob. Auch der Roadster sollte zu Geld gemacht werden. Die drei Männer, die die Polizei zunächst in Gewahrsam hielt, versuchten den Wagen zu verkaufen. Mit dem Mord hatten sie allerdings nichts zu tun. Das gilt auch für den 29-Jährigen, der die Kreditkarte von Willmes eingesetzt hatte.

Rund neun Monate nach der Tat wurde am 14. März 2007 Timm Haucke wegen Raubes mit Todesfolge zu einer lebenslangen Freiheitsstrafe verurteilt. Ein vorsätzlicher Mord war ihm nicht nachzuweisen.

bis 2007

Kassierer im weißen Kittel

Essener Starchirurg Prof. Broelsch als Betrüger vor Gericht

Die großen Leistungen von Prof. Dr. Broelsch haben das Ansehen der deutschen Medizin auch international ungemein gestärkt. Neben seiner Tätigkeit als herausragender Chirurg ist Prof. Dr. Broelsch engagierter Protagonist einer Erweiterung des Kreises der Lebendspender. Mit Nachdruck vertritt er damit die Interessen derjenigen, deren Leben von einer rechtzeitigen Organspende abhängt." Das sagte der damalige Ministerpräsident Peer Steinbrück im August 2004, als er dem renommierten Chirurgen und Direktor der Klinik für Allgemein- und Transplantationschirurgie des Universitätsklinikum Essen das Große Verdienskreuz des Verdienstordens der Bundesrepublik Deutschland ans Revers heftete.

Ein weiterer Höhepunkt eines an Höhepunkten gewiss nicht armen Lebens. Schließlich hatte Christoph Broelsch eine Karriere gemacht, wie sie nur die wenigsten deutschen Ärzte vorweisen können. Eine weltweit anerkannte Koryphäe der Organverpflanzung, dem erstmalig eine Leber-Lebendtransplantationen gelang (Hierbei wird einem lebenden Spender ein Teil seiner Leber entnommen, der im Empfängerkörper zu einem funktionstüchtigen Organ wächst), ehemaliger Leibarzt und Operateur von Johannes Rau, dekoriert mit Auszeichnungen und Titeln. Kann ein Arzt noch mehr Schlagzeilen machen?

Ja, kann er. Nur drei Jahre nach der Ehrung durch Steinbrück bekam Broelsch mehr Presse, als ihm lieb war. Nicht etwa wegen der Stärkung des Ansehens der deutschen Medizin, sondern wegen Bestechlichkeit, Nötigung, Betrug und Steuerhinterziehung.

Gerüchte kursierten schon länger, der Paukenschlag kam aber erst 2007. Vielleicht hätte man schon fünf Jahre eher hellhörig werden müssen, als sich Broelsch öffentlich für finanzielle Anreize zur Organspende aussprach. „Die Nächstenliebe allein und den Dank des Vaterlandes können Sie vergessen", gab er 2002 in einem Interview zum Besten. Christoph Broelsch hatte mit Liebe und Dank selbst schon längst nichts mehr am Hut. Leberpatienten, die sich, zumeist sterbenskrank, an den Essener Chirurgen als ihre allerletzte Hoffnung wandten, erfuhren bald, was es heißt, Privatpatient zu sein: Chefarztbehandlung, schnellste Operation, Broelsch selbst am Messer. Kassenpatienten dagegen ...

Prof. Dr. Christoph Broelsch bemühte sogar Kumpel Anton, um sein knallhartes wirtschaftliches Kalkül in eine barmherzige Samariter-Geste umzudeuten. So geschehen in einem WAZ-Interview vom 8.6.2007: „Kumpel Anton kommt mit seiner Mutter zu mir und möchte, dass sie die beste Behandlung erfährt. Kumpel Anton hat aber keine Privatversicherung, so dass der Professor die OP nur machen müsste, wenn eine Wahlleistungsvereinbarung unterschrieben wird, die bei großen Operationen schnell 50.000 Euro an Gesamtkosten mit sich bringen kann. Kumpel Anton kann das aber nicht bezahlen. Was machen Sie dann? Ihn samt der kranken Mutter nach Hause schicken, obwohl die Operation unausweichlich ist?"

Da nahm Prof. Broelsch dann mal lieber 7.000 Euro cash und operierte Kumpel Antons Mutter auf der Stelle. Natürlich nicht Kumpel Anton Mutter, sondern Dutzende von verzweifelten Menschen. Und es waren auch nicht immer 7.000 Euro, wie er sie von dem Ehepaar Wilhelm und Johanna K. „erbeten" hatte. Es konnten (wie sich im späteren Prozess herausstellte) auch mal 4.000 oder 10.000 Euro sein. Broelsch taxierte offenbar seine Fälle und legte einen Preis für die „Privatbehandlung“ fest. 5.000 Euro sollte es zum Beispiel Ende 2006 kosten, dass die todkranke Mutter von Stojan M. nicht mehr länger auf ihren Operationstermin warten müsste. 5.000 natürlich nur bei Barzahlung ohne Rechnung. Mit Rechnung würde das Doppelte der Summe fällig.

Als sich der misstrauische Stojan M. bei der Krankenkasse seiner Mutter erkundigte, ob dieses Vorgehen in Ordnung sei, riet die Kasse von der Zahlung ab und verschaffte der Mutter einen Operationstermin in einer anderen Uniklinik. Eine Mitarbeiterin der Krankenkasse erkundigte sich dann telefonisch nach einem OP-Termin bei Broelsch und der Verdacht wurde bestätigt, dass Termine nach Zahlung von Spenden vergeben wurden.

Als im Mai 2007 die Ermittlungen in Sachen Bestechlichkeit, Betrug und anderer Delikte aufgenommen wurden, schilderte Prof. Broelsch öffentlich seine Sicht der Dinge. Natürlich habe es Spenden gegeben, selbstverständlich auch Spenden von operierten oder zu operierenden Patienten. Diese seien aber ausschließlich aus Dankbarkeit erfolgt. Der Chirurg wies jedwede Nötigung von Sterbenskranken als völlig abwegig von sich („Niveau von Karl-May-Geschichten“) und stilisierte sein Verhalten zur humanitären Geste hoch.

Doch der Stein rollte, immer mehr Angehörige meldeten sich, die Ähnliches mit Dr. Broelsch erlebt hatten. Angesichts der Vorwürfe und Hinweise wurde die Ermittlungsgruppe der Kripo von acht auf 15 Beamte aufgestockt. Etliche Ungereimtheiten kamen ans Licht und die Ermittlungen zogen sich zwei Jahre hin. Schließlich erhob die Staatsanwaltschaft Anklage wegen Bestechlichkeit, schweren Betrugs sowie Nötigung. Steuerhinterziehung gab es noch „on Top“, weil Christoph Broelsch auch Zahlungen in bar, ohne Rechnung und ohne Quittung annahm.

Noch frohen Mutes: Christoph Broelsch zu Beginn seines Prozesses

Nachdem Anfangs noch viele Kollegen, prominente Patienten und Gönner zu Christoph Broelsch standen (auch Peer Steinbrück, inzwischen Bundesminister der Finanzen), bröckelte die Front der Unterstützer im Laufe der Ermittlungen immer mehr. Broelsch war am Uniklinikum längst von seinen Ämtern und Aufgaben suspendiert und in der Fachwelt wurde kritisch über angebliche und tatsächliche Praktiken von Broelsch und anderen Medizinern im Zwielicht debattiert. Wozu auch der Verdacht gehörte, dass um der Spende willen auch nutzlose oder höchst riskante Operationen vorgenommen worden waren. Eingriffe, die möglichweise das Leben der Patienten nicht verlängerten, sondern nur deren Schmerzen vergrößerten.

Vor Gericht wurde Broelsch nicht müde, sich weiterhin im Recht zu sehen: Selbstverständlich habe er Spendengelder eingeworben. Dieses aber nicht in Zusammenhang mit einem Operationsversprechen. Das Geld sei nicht in seiner Privatschatulle verschwunden, sondern stets auf ein Konto der Uniklinik geflossen. Dort sei es ausschließlich für Forschungszwecke verwendet worden. Wozu offenbar auch viele Reisen und andere Bedürfnisse des weltweit gefragten Mannes gehört hatten.

Im März 2010 sprach das Landgericht Essen Christoph Broelsch schuldig. 30-fache Bestechlichkeit, acht Mal Betrug, Nötigung in drei und Steuerhinterziehung in zwei Fällen. Eindeutig zu viel für eine Bewährungsstrafe, so dass die Strafkammer auf drei Jahre Haft entschied. Die Beteiligten fochten das Urteil an. Während das Revisionsverfahren lief, nahm Prof. Broelsch bereits wieder Einladungen zu Kongressen und Vorträgen an. Nur ins Klinikum Essen durfte er nicht wieder zurück. Im Juli 2011 bestätigte der Bundesgerichtshof höchstinstanzlich allerdings Urteil und Strafmaß des Landgerichtes Essen. Der inzwischen 66-Jährige wird seinen Ruhestand zumindest in den kommenden zwei Jahren nicht ganz so genießen können, wie er es sich eigentlich gedacht hatte. 2013 könnte er wegen guter Führung entlassen werden.

Eine Frage der Ehre?

Die Mafia-Morde von Duisburg

Am Morgen des 15. August 2007 wurden Anwohner in der Nähe des Duisburgers Hauptbahnhofs durch Schusssalven aus dem Schlaf gerissen. Ein Notruf ging um 2.24 Uhr bei der Polizei ein, um 2.30 Uhr war der erste Streifenwagen am Tatort vor dem italienischen Restaurant „Da Bruno".

Vor dem Restaurant standen zwei Fahrzeuge, ein blauer Golf mit Pforzheimer und ein weißer Opel-Lieferwagen mit Duisburger Kennzeichen. Beide Wagen waren von etwa siebzig Schüssen durchsiebt worden.

Die Beamten fanden ein Blutbad vor. Fünf Männer waren bereits tot, ein Sechster starb auf dem Weg ins Krankenhaus. Um sicher zu sein, dass niemand überlebte, hatten die Täter die Opfer nach dem Überfall noch mit Kopfschüssen regelrecht hingerichtet.

Bei den Toten handelte es sich um Sebastiano S. (38 Jahre), Wirt des „Da Bruno", seinen Neffen Tommaso-Francesco V., dessen 18. Geburtstag zu seinem Todestag wurde, sowie um Francesco G. (16 Jahre), Marco P. (19 Jahre), Francesco P. (21 Jahre) und Marco M. (25 Jahre). Alle arbeiteten in dem Lokal und gehörten, wie sich schon kurz darauf aufgrund von Hinweisen italienischer Ermittler herausstellte, der Familie Pelle-Romero aus der Ortschaft San Luca in Kalabrien an. Einer von ihnen, Tommasso-Francesco V., hatte an diesem Tag Geburtstag und wurde vermutlich mit einem Ritual in die Mafia aufgenommen. Darauf deutete zumindest ein angebranntes Marienbild hin, welches bei dem Toten gefunden wurde.

San Luca gilt als eine Hochburg der kalabrischen „Ndrangheta“, mit einem geschätzten Jahresumsatz von über 40 Milliarden Euro im Jahr 2007 die mächtigste Mafia-Gruppierung Europas. Ihre Wurzeln reichen bis in das 19. Jahrhundert zurück, als sich in der Ndrangheta Rebellen aus den Städten Plati und eben San Luca zusammenschlossen.

San Luca war seit 1991 Schauplatz eines blutigen Streits zwischen zwei dort ansässigen Clans, der Familie Strangio-Nirta und eben den Pelle-Romeo. Ausgangspunkt des Streits war ein Kanevalsscherz, aus dem sich eine Schlägerei entwickelte. Tage später wurden zwei junge Männer der Strangio-Nirta-Familie erschossen aufgefunden, zwei weitere wurden verletzt. Daraus entwickelte sich die „Vendetta von San Luca“.

Wie die italienische Tageszeitung „Corriere della Sera“ berichtete, waren die italienischen Fahnder davon ausgegangen, die Fehde sei beigelegt. Weihnachten 2006 fiel jedoch die Frau eines der Anführer der Strangio-Nirta einem Mordanschlag zum Opfer. Tatverdächtig war Marco M., einer der Duisburger Toten vom August 2007. Danach eskalierte der Streit mit fünf weiteren Morden und acht Mordversuchen an Angehörigen beider Clans erneut. Angesichts dieser Hintergründe lag die Vermutung nahe, dass auch die „Da Bruno“-Morde Bestandteil der San-Luca-Vendetta waren.

Verdächtigt wurde schon kurz nach der Tat der 31-jährige Giovanni Strangio, der in Kaarst zwei Restaurants betrieb und der Bruder der Weihnachten 2006 Ermordeten ist.

Zwei Wochen nach den Duisburger Morden nahm die italienische Polizei dutzende Verdächtige fest. Auch in Neuss und Oberhausen kam es in den Folgemonaten zu Verhaftungen. Der Hauptverdächtige, Giovanni Strangio, konnte fliehen. Im Fluchtwagen, einem Renault Clio, fand sich jedoch seine DNA.

Der Tatort heute: Das Restaurant „Da Bruno" gibt es nicht mehr

Strangio wurde im März 2009 in Amsterdam gemeinsam mit seinem Schwager Fransesco Romeo festgenommen. Bei beiden wurden mehrere gefälschte Pässe, eine Waffe sowie fast 600.000 Euro sichergestellt.

Auf die Spur Strangios war die Polizei durch drei seiner Schwestern gekommen. Sie waren nach Amsterdam gereist, um sich mit dem Mafia-Boss Giuseppe Nirta zu treffen – er ist mit einer der Strangio-Schwestern verheiratet. Diese Sehnsucht seiner Frau wurde ihm zum Verhängnis. Fahnder hatten die Frauen beschattet und konnten den seit zehn Jahren Gesuchten festnehmen.

In dessen Frankfurter Wohnung fand sich eine Feinstaubplakette, die auf den Wagen eines Kontaktmanns ausgestellt war. Ihn observierten die Zielfahnder und beobachteten, wie er sich in Amsterdam mit dem Mitverdächtigen Fransesco Romeo traf. Der führte die Fahnder schließlich zum Versteck Strangios. Dieser war vorsichtig und hatte sich getarnt. Er trug nun lange, blondierte Haare und eine Baseballkappe. Sein Aussehen war

Blumen-Trauer nach den Morden

so verändert, dass die Zielfahnder Schwierigkeiten hatten, ihn zu identifizieren. Allerdings hatte die Frau Strangios ihr gewohntes Outfit beibehalten. Und als sie sich mit Strangio traf, war den Ermittlern klar, dass sie auf der richtigen Spur waren.

Später wurden Strangio und Romeo an Italien ausgeliefert. Entgegen den ursprünglichen Vermutungen geht die Polizei mittlerweile davon aus, dass an den Duisburger Morden mindestens drei Personen beteiligt gewesen waren. Neben Strangio, der als Drahtzieher gilt, stehen seit April 2010 Giuseppa Nirta und zwölf weitere Verdächtige als Mitwisser bzw. Unterstützer vor Gericht. Als der Prozess schon lief, wurde auch Sebastiano Nirta festgenommen, der ebenfalls als einer drei Schützen gilt.

Giovanni Strangio und Giuseppa Nirta schienen keine besonders guten Karten in dem Verfahren zu haben. Zwar beteuerten sie ihre Unschuld, aber ein Zeuge hatte Strangio als den Mann identifiziert, der in seinem Düsseldorfer Waffengeschäft Munition der Art gekauft habe, wie sie bei den Morden vor dem Lokal „Da Bruno" benutzt wurden. Als der per Videokonferenz zugeschaltete Zeuge erklärte, er könne den Käufer der Munition zweifelsfrei wiedererkennen, versuchte Strangio, sich dem Blickwinkel der Videokamera zu entziehen. Außerdem lagen den Fahndern Aufzeichnungen von Telefongesprächen vor, die die Schwestern des Angeklagten untereinander geführt hatten. Darin erklärten sie unvorsichtigerweise, dass Strangio sicher festgenommen werde, da man seine DNA gefunden habe.

Auch Giuseppa Nirtas Verteidigung stand unter keinem besonders guten Stern. Ein Kronzeuge, mit dem Nirta seine Zelle geteilt hatte, sagte aus, dass dieser beleidigt gewesen sei, da in den Zeitungen Strangio als Haupttäter bezeichnet wurde. Er habe das Sagen gehabt, hätte Nirta ihm gegenüber erklärt. Die Staatsanwaltschaft forderte für Strangio, Nirta und weitere acht Tatverdächtige lebenslange Haft, die Verteidigung plädierte auf Freispruch.

Am 12. Juli 2011 verurteilte ein süditalienisches Gericht Giovanni Strangio und sieben weitere Mafiosi, die zusätzlich wegen anderer Morde auf der Anklagebank saßen, zu lebenslanger Haft, von denen Strangio die ersten drei Jahre in völliger Isolation absitzen muss. Sein Anwalt hielt seinen Mandanten auch nach der Urteilsverkündung noch für unschuldig: Er sei Opfer einer Verschwörung geworden.

Nach Einschätzung der italienischen Polizei haben sich die verfeindeten Clans mittlerweile wieder versöhnt. Was mit einem Karnevalsscherz begann und mit Massenmord endete, sei nun beendet. Die Morde in Duisburg hätten zu viel Staub aufgewirbelt, meinten die Ermittler. Das störe die Geschäfte und den Rückzugsraum der Ndrangheta in Deutschland. Eben alles eine Frage der Ehre.

2007

Skimming einmal anders ...

Manipulationen an EC-Kartenautomaten in Castrop-Rauxel

Als die Beschäftigten an einem Morgen im Februar 2007 ihren Blumenmarkt an der Herner Straße in Castrop-Rauxel betraten, entdeckten sie die Einbruchsspuren der vergangenen Nacht schnell. Erstaunlicherweise fehlten nur einige Pflanzen, ein zu verschmerzender Verlust. Die Polizei wurde benachrichtigt und kurz darauf ging alles wieder seinen gewohnten Gang.

Bis es eine Woche später zu einem erneuten Einbruch kam. Dieses Mal verschwand lediglich ein EC-Kartenlesegerät, welches im Blumenhof eingesetzt wurde. Das informierte Bundeskriminalamt stellte schnell fest, dass es sich nicht um den ersten Vorfall dieser Art gehandelt hatte. Bereits im Januar 2007 waren unbekannte Täter auf ähnliche Weise in einem Fachgeschäft in Singen vorgegangen. Im darauf folgenden Februar erfolgte ein Einbruch in ein Gartencenter in Hamm, zwei Monate nach dem Castroper Coup stiegen die Gauner in eine Gärtnerei bei Göttingen und in eine andere in Kassel ein.

In allen Fällen war ihr Vorgehen identisch: Beim ersten Einbruch manipulierten sie den EC-Kartenleser so, dass er die PIN-Nummern der Karten nebst allen Informationen kopierte, die auf den Karten gespeichert waren. Zur Tarnung klauten sie immer einige Kleinigkeiten. Beim zweiten Einbruch machten sie sich nicht mehr diese Mühe und schnappten sich nur die manipulierten Kartenleser.

Eigentlich sichert eine technische Vorrichtung die Kartenleser. Werden an ihnen Manipulationen vorgenommen oder werden sie gar geöffnet, müssen sich die Geräte automatisch und vollständig ausschalten und dürfen sich auch nicht wieder in Betrieb nehmen lassen. Wie es den Gaunern gelungen war, diese Sicherheitsvorkehrung auszutricksen, ist unbekannt. Aber: Für jedes technische Problem gibt es eine technische Lösung. Und die schienen die Kartenbetrüger gefunden zu haben.

In der Folgezeit häuften sich bei den nichtsahnenden Karteninhabern unerklärliche Geldabhebungen. Anscheinend hatten die Betrüger Doubletten der Karten angefertigt und diese vor allem im Großraum Paris, aber auch in Marseille, Lyon und vereinzelt in den Niederlanden eingesetzt. Insgesamt identifizierten die Ermittler über 500 Opfer mit einem Gesamtschaden von über einer Million Euro.

Gefasst wurden die Täter bis heute nicht.

2010 informierte das Bundeskriminalamt darüber, dass 2009 an insgesamt 964 Geldautomaten solche und ähnliche „Skimming"-Angriffe festgestellt wurden. Weit über 100.000 Kartenkunden waren davon betroffen. Die Zahl solcher Angriffe stieg allein in den ersten vier Monaten 2010 auf über 1000. Pro Attacke werden durchschnittlich die Daten von 60 Karten ausgelesen. Allein 2009 belief sich der Schaden auf rund 40 Millionen Euro.
(Quelle: Focus on Security, Ausgabe 3/2010)

2010

Mord ohne Mörder?

Der Überfall auf einen Obdachlosen in Kamp-Lintfort

In der Nacht zum Pfingstsonntag 2010 fanden Passanten auf dem Parkplatz des Spaßbades Pappelsee in Kamp-Lintfort die Leiche des 51-jährigen Obdachlosen Klaus B. Der Mann hatte schwere Kopfverletzungen erlitten, die für sich allein genommen schon tödlich gewesen wären. Er erstickte aber vorher, wie die Obduktion bewies, an seinem eigenen Blut.

Ganz in der Nähe, in einem Wendehammer, stand sein Opel-Corsa, der ihm als Unterkunft diente. Wegen einer starken Sehbehinderung konnte er das Fahrzeug nicht mehr steuern. Der Wagen war erheblich beschädigt: Beulen im Dach und auf der Motorhaube, eine zersplitterte Heckscheibe. Auch die Kennzeichen waren abgerissen worden.

Zunächst tappte die Polizei im Dunkeln. Dann aber kam den Ermittlern der Zufall zu Hilfe: Jugendliche brüsteten sich mit der Tat. Ihre Fingerabdrücke waren identisch mit denen, die an dem Fahrzeug gefunden worden waren.

Bald darauf wurden vier Schüler im Alter von 16 und 17 Jahren festgenommen. Nach kurzem Verhör gestanden sie die Tat. Aus Langeweile hätten sie sich vorgenommen, Klaus B., der ihnen wie auch anderen Anwohnern flüchtig bekannt war, zu ärgern. Es begann relativ harmlos: ein Wortwechsel, kleinere Schubser, Wackeln am Auto. Dann riss einer von ihnen, der aus Jugoslawien stammende 16-jährige Hauptverdächtige, die Kennzeichen des Fahrzeugs ab. Jetzt eskalierte die Situation: Klaus B. forderte Schadensersatz, suchte schließlich Schutz in

Der Wagen des Opfers

seinem Fahrzeug. Das animierte den 16-Jährige zusätzlich. Er sprang erst auf die Motorhaube, dann auf das Dach des Fahrzeugs. Schließlich trat er die Heckscheibe ein.

Zu diesem Zeitpunkt bekamen es die beiden 17-Jährigen mit der Angst zu tun und flüchten. Zurück blieben zwei 16-Jährige, die das Fahrzeug weiter traktierten und Drohungen gegen den Obdachlosen ausstießen. Der wusste sich nicht anders zu helfen und filmte die Täter mit seiner Handykamera. Was den Hauptverdächtigen vollends in Rage brachte: Wütend schlug er auf sein Opfer ein und zerstörte das Handy. Schließlich sprang er in den Corsa und fuhr den Wagen einige hundert Meter um den Pappelsee herum zu einem Wendehammer.

Bei seiner Fahrt veranstaltete der 16-Jährige einen solchen Lärm, dass Anwohner der Brandstraße aufwachten und ihn zur Rede stellten. Er entschuldigte sich artig für den Lärm und machte sich auf den Weg zurück zum Tatort, wo sein Komplize noch wartete. Anschließend liefen beide in die Innenstadt. Den sterbenden Mann ließen sie auf dem Parkplatz liegen.

Trotz der Zerstörungen konnten die Ermittler auf dem Handy des Opfers ein zwanzig Sekunden langes Gesprächsfragment sicherstellen. Zu hören war die Stimme eines der Peiniger. Kurz darauf wurden die vier Schüler verhaftet.

Im November 2010 kam es zum Prozess vor der Großen Jugendkammer des Landgerichts Kleve. Der Hauptverdächtige war wegen Mordes angeklagt, die anderen wegen schwerer Körperverletzung und Sachbeschädigung. Die Staatsanwaltschaft forderte neun Jahre Gefängnis.

Am 20. Dezember wurde das Urteil gesprochen: Der 16-jährige Haupttäter erhielt ein Jahr Jugendhaft auf Bewährung – keiner der Angeklagten musste wegen eines Tötungsdeliktes hinter Gitter.

Die Jugendkammer unter Vorsitz des Richters Johannes Huismann sah sich nach eigenen Angaben außer Stande, den Mord nachzuweisen. Obwohl die Kammer feststellte, dass kein Unfall, sondern die Schläge gegen den Kopf des Opfers zu seinem Tod führten, konnte nicht zweifelsfrei festgestellt werden, wer von den Angeklagten die tödlichen Schläge ausgeführt habe. Der Hauptverdächtige hatte in der Verhandlung ausgesagt, er sei nicht mehr zum Parkplatz zurückgekehrt. Das Gegenteil war ihm nicht nachzuweisen. Deshalb blieb dem Gericht nichts anderes übrig, als dem Grundsatz zu folgen: in dubio pro reo (im Zweifel für den Angeklagten).

Dass ein solches Urteil die Öffentlichkeit nicht zufriedenstellen würde, war absehbar. Heftige negative Reaktionen waren die Folge. Die Justiz, so einer der Vorwürfe, habe, da es sich ja „nur um einen Obdachlosen“ gehandelt habe, mit zweierlei Maß gemessen. Die Staatsanwaltschaft hat gegen das Urteil Revision eingelegt. Jetzt muss sich der Bundesgerichtshof mit der Tat befassen.

Expect no Mercy

Hells Angel erschießt Bandido: Rockerkrieg im Ruhrgebiet?

Auf der Homepage der Bandidos-Ortsgruppen (Chapter) im Ruhrgebiet wird die Erinnerung an Eschli aufrecht erhalten. G.B.N.F. heißt es da über seinem Todesdatum 8.10.2009: „Gone, but never forgotten". Neben dem Foto des Ermordeten prangt das Logo „Expect no mercy" – was etwa „Erwarte keine Gnade" bedeutet. Die widerfuhr Eschli auch nicht, als er am 8. Oktober 2009 in Duisburg-Hochfeld auf offener Straße erschossen wurde.

Charlottenstraße, Ecke Vulkanstraße: weiträumige Absperrung des Tatorts

Blumen am Tatort

Eschli oder Ashley, je nach Schreibweise, war in seinen 32 Lebensjahren gewiss kein Kind von Traurigkeit. So war der gebürtige Bottroper unter anderem ein bekennender Fußball-Hooligan in der Gelsenszene. Und auch sein Club, die 1966 in Texas gegründeten und seit 1999 in Deutschland vertretenen Bandidos, war und ist kein pazifistischer Kuschel-Verein. Im Gegenteil: Wenn was „verrutscht" war, dann machten und machen die Bandidos „sich auch mal gerade". Was bedeutet, dass die Interessen des Clubs und seiner Mitglieder wenn nötig auch mit Drohungen und Gewalt durchgesetzt werden. So handhaben die Bandidos das in Texas. Und auch in Oberhausen, dessen Chapter Eschli angehörte.

The Fat Mexican: Headquarter der Bandidos in Duisburg

Nun gab und gibt es auch Vereinigungen, die den Bandidos weniger freundlich gesonnen waren. Die Hells Angels zum Beispiel, 1948 in Kalifornien gegründet und seit 1973 in Deutschland organisiert. Deren Ortsgruppen nennen sich Charter und sind natürlich auch im Ruhrgebiet vertreten. Was beide Clubs noch eint, ist ihre Liebe zu Motorrädern (bevorzugt der Marke Harley-Davidson) und ihre Nähe zum Milieu (Rotlicht, Waffen, Drogen). Die ewige und sorgsam gepflegte Feindschaft der beiden Clubs untereinander beruht auch auf der Tatsache, dass sich ihre Geschäftsmodelle ähnelten und ihre Gebietsansprüche oft kollidierten.

Ihren bisherigen Höhepunkt hatten die Auseinandersetzungen zwischen den Hells Angels und den Bandidos in Skandinavien. In den 1990er Jahren wurde dort schweres Gerät eingesetzt. Der mit aller Härte ausgetragene „Rockerkrieg“ forderte etliche Todesopfer auf beiden Seiten. Um so nervöser waren Behörden und Medien, als am 8. Oktober 2009 der Bandido Eschli in der Duisburger Charlottenstraße von jeman-

Auf der Beerdigung des Opfers

dem erschossen wurde, der den Hells Angels angehörte. Sollte der skandinavische Rockerkrieg jetzt in Deutschland weitergehen?

Ob Eschli nur mal zu Besuch im „Fat Mexican", der Vereinskneipe seiner Bandido-Brüder aus Duisburg, war – oder ob er geschäftlich in Hochfeld zu tun hatte, konnte nie geklärt werden. Und ob das Zusammentreffen mit seinem späteren Mörder purer Zufall war oder geplant, blieb ebenso im Dunkel. Allerdings kommunizierten die Ermittler sehr früh, dass es sich bei dem Mord um eine Beziehungstat handelte. Die tödlichen Schüsse hätten absolut nichts mit den MCs der Bandidos und der Hells Angels zu tun. Sicheres Wissen – oder Schutzbehauptung, um die Brisanz aus der Lage zu nehmen, die in einen offenen Rockerkrieg nach nordischem Vorbild münden könnte?

Die Ermittlungen gestalteten sich schwierig, obwohl es für den Vorfall genügend Zeugen gab. Oder besser: hätte geben müssen. Denn Rocker können noch so verfeindet sein, eins eint sie

Hells Angels vor dem Landgericht

immer: Keine Zusammenarbeit mit der Polizei. Nach dem Ergebnis der Ermittlungen muss sich etwa Folgendes zugetragen haben: Die 24-jährige Berenice K. hatte sich am frühen Abend des 8. Oktober 2009 noch einmal mit ihrem Ex-Freund getroffen, einem unter dem Namen Timur Abkulut in der Szene bekannten Extrem-Kampfsportler. Berenice K. wollte ihm seine Wohnungsschlüssel zurückgeben. Ihr aktueller Freund war Eschli, der sich um diese Zeit im Fat Maxican aufhielt. Als er die Kneipe verließ und zu einer Telefonzelle ging, hielt neben ihm ein weißer Mercedes, das Auto von Timur Abkulut. Drinnen saßen der Kampfsportler und sein Bruder. Dann wurden aus dem Wagen mehrere Schüsse abgegeben. Einer davon war tödlich.

Die Gebrüder Abkulut konnten zwar vom Tatort flüchten, Timur Abkulut stellte sich aber wenig später der Polizei. Aussage: Fehlanzeige. Auf seinem Arm erklärte sein Tattoo: „A.F.F.A.“: Angels forever – forever Angels. Und die haben ja bekanntlich einen Ehrenkodex, der jegliche Kooperation mit Bullen verbietet.

Und überhaupt: „ACAB – All Cops are Bastards". Unter den ganzen schweigenden Kerlen in Kutten gab es aber jemanden, der schließlich sehr viel erzählte. Nennen wir ihn mal „Wiesel". Zuzuordnen den Bandidos, deren Mitglied er gerne werden wollte.

Wiesel berichtete den Ermittlern gegenüber von einem heftigen Wortwechsel, bevor die Schüsse abgegeben wurden. Eschli soll Timur Abkulut gesagt haben, wenn er was wolle, solle er aus dem Auto steigen und sich „grademachen". Neben dieser mehrfachen Aufforderung zum Kampf soll sich Eschli absolut unbeeindruckt angesichts der Pistole gezeigt haben. Diese Details waren für die im Mai 2010 in Essen beginnende Verhandlung von entscheidender Bedeutung: Träfe diese Schilderung zu, wäre der tödliche Schuss nicht mehr Mord, sondern „nur" noch Totschlag gewesen.

Noch bevor der Prozess begann, kam es an mehreren Orten zu diversen Scharmützeln zwischen Bandidos und Hells Angels. In das Clubheim der Solinger Hells Angels, denen auch Timur Abkulut zugerechnet wurde, flog eine Handgranate. Im Gegenzug wurde das Essener Bandido-Zuhause in der Wüstenhöfer Straße beschossen. Mit allerlei Schlaggerät bewaffnete Mitglieder beider MCs lieferten sich in Duisburg unter den Augen der Polizei eine heftige Schlacht, bei der das Bandido-Clubhaus zerlegt wurde.

Auf jeden Fall wollte die Polizei während des Prozesses wieder das Sagen haben. Und so sahen sich knapp 50 Mitglieder beider Clubs einer zehnfachen Übermacht an Polizisten gegenüber, die Spalier standen, um die Rocker auf getrennten Wegen in den Gerichtssaal zu lotsen. Dort gab Timur Abkulut zunächst den Unbesiegbaren: Feixend, mit martialischen Posen, Sprüchen und Kommentaren wirkte er fast, als ginge ihn der Prozess nichts an. Doch je länger das Verfahren dauerte, desto nervöser wurde er. Schließlich waren es elf Jahre, die im Urteil standen. Das Gericht hatte zu Gunsten des Täters auf Totschlag erkannt. Elf Jahre schienen offenbar auch den Bandidos recht. Der befürchtete Rockerkrieg blieb aus.

Mord ohne Leiche?

Ein verdächtiger Polizist aus Gelsenkirchen

Ende Mai, Anfang Juni 2010 verschwand die Polizistin Annette L. , 44 Jahre alt, aus dem Haus in Gelsenkirchen-Buer, in dem sie mit ihrem 43-jährigen Mann Dirk, ebenfalls Polizist, und ihren vier Kindern wohnte.

Am 7. Juni 2010 erstatte Dirk L. Vermisstenanzeige. Seine Frau, so erklärte er gegenüber der Polizei, habe fünf Tage vorher, am 2. Juni, die gemeinsame Wohnung verlassen und sei in ihrem Mercedes nach Essen zum Einkaufen an den Limberger Platz gefahren. Seitdem habe er sie nicht mehr gesehen.

Nun konnte Dirk L. nicht glaubwürdig erklären, warum er fünf Tage gewartet hatte, bis er seine Kollegen informierte. Außerdem versicherten Nachbarn der Familie, Annette L. schon seit dem 30. Mai nicht mehr gesehen zu haben. Auch ihr auffälliger Mercedes-Viano tauchte seit diesem Zeitpunkt nicht mehr auf. Und als sich Dirk L. in weitere Widersprüche verwickelte, geriet er als Hauptverdächtiger in das Visier der Ermittler.

Fahndungsfoto der Polizei: die vermisste Annette Lindemann

Da das Ehepaar bei der Gelsenkirchener Polizei arbeitet, übernahm die Federführung der Polizeiarbeit die Staatsanwaltschaft Essen, um jeden Verdacht der Befangenheit von vorneherein auszuschließen. Dirk L. wurde vom Dienst bei Fortzahlung seiner Bezüge suspendiert. Besondere Meldeauflagen wurden gegen ihn nicht ausgesprochen.

Eine große Suchaktion lief an. Eine Hundertschaft Polizisten durchkämmte Waldgebiete im Norden Gelsenkirchens, Taucher durchsuchten Seen und Kanäle, Hundestaffeln wurden eingesetzt. Nur: Annette L. blieb verschwunden.

Und das ist das entscheidende Problem: Die Staatsanwaltschaft muss nachweisen, dass Annette L. tatsächlich tot ist und dann mit einer geschlossenen Indizienkette die Richter davon überzeugen, wer ihr Mörder war.

Bei den weiteren Ermittlungen stellte sich heraus, dass Dirk L. hochverschuldet gewesen war. Trotzdem leistete sich die Familie die 180 Quadratmeter große Wohnung in einer der wohlhabenderen Wohngegenden in Gelsenkirchen-Buer. Und Dirk L. hatte noch ein zweites Domizil: ein Appartment in der Nähe der Polizeiwache Nord., von dem der Rest der Familie augenscheinlich nichts wusste. Schließlich stellte sich heraus, dass er seit etwa 2009 ein Verhältnis mit einer 33-jährigen Kollegin unterhielt.

„Der ging nicht fremd, der führte ein Doppelleben", zitierte die WAZ einen der Anwälte des Bruders der Vermissten, der als Nebenkläger auftrat. Und laut der Zeitung nannten Kollegen den Verdächtigen: „Dirk, der stille Frauenheld."

Am 25. Juni 2010 fanden Spaziergänger in der Haard bei Marl ein ausgebranntes Fahrzeugwrack. Es war der Mercedes der Vermissten. Für die Ermittler die erste heiße Spur. Sie setzten Spürhunde ein, die nach Aufnahme einer Geruchsprobe von Dirk L. zum acht Kilometer entfernten Haus seines Vaters in Marl liefen. Die Vermutung, der Verdächtige sei mit dem Fahrrad vom Brandort zum Haus seines Vaters geradelt, wo er seinen eigenen Wagen geparkt habe, blieb leider nur eine Vermutung.

Dann eine weitere Spur. Auf einer Halde in Gelsenkirchen-Scholven wurden Reste von zwei angebrannten Matratzen entdeckt. Die Ermittler stellten fest, dass diese vermutlich am 3. Juni angezündet wurden. Im Brandschutt lag ein Jeansknopf mit DNA-Spuren, die von der Vermissten stammen können. Und am 31. Mai kaufte ein Mann, den die Beamten für Dirk L. halten, in einem Spezialgeschäft zwei neue Matratzen. Die Polizisten waren überzeugt, dass Dirk L. Spuren verwischen wollte.

Nach Zeitungsberichten erklärte die Geliebte gegenüber der Polizei, dass Dirk L. auch sie häufiger belogen habe. Wenn ein Urlaub geplant gewesen sei, habe er diesen mit

Der ausgebrannte Mercedes der verschwundenen Polizistin

der Begründung abgesagt, dass ihn wichtige Ereignisse daran hindern würden: der Tod naher Verwandter, schwere Erkrankung der Ehefrau. Der Wahrheit entsprach davon nichts. Und als die Geliebte immer heftiger auf ein Treffen mit ihrer Kontrahentin drängte, habe Dirk L. ihr erzählt, dass seine Frau schon seit dem 12. Mai verschwunden sei.

Seltsam sei auch, berichtete die WAZ, dass die Geliebte zur vermutlichen Tatzeit alle SMS gelöscht habe, die sie von Dirk L. erhalten hatte. Aber nur diese, keine anderen.

All das sind Indizien, die für die Staatsanwaltschaft keinen Zweifel an der Schuld des Verdächtigen lassen. Aber eben nur Indizien, keine Beweise. Und der entscheidende Beweis, dass Dirk L. seine Frau wirklich ermordet hatte, fehlt immer noch: die Leiche.

Ende Juli 2011 gab die Staatsanwaltschaft bekannt, dass sie Anklage gegen Dirk L. erheben würde. Nicht wegen Mordes, sondern wegen versuchter schwerer Brandstiftung, Diebstahls und des Besitzes von kinderpornografischen Schriften. Sie glaubte beweisen zu können, dass er am 23. April 2010 Benzin auf die Treppe eines Hauses geschüttet habe, in dem eine Freundin seiner Frau wohnte. Allerdings wäre es ihm nicht gelungen, das Benzin zu entzünden. Auf seinem Computer seien außerdem Hinweise darauf gefunden worden, dass er sich Anfang 2008 im Internet Bilder mit kinderpornografischen Inhalten angesehen hätte. Und schließlich sollte er im Februar 2010 seinem Vater zwei EC-Karten gestohlen haben.

Die Absicht hinter diesen Anklagen scheint klar: Es wäre der Öffentlichkeit nur schwer zu vermitteln, dass ein des Mordes verdächtiger und suspendierter Polizist weiter sein Gehalt erhält oder – im schlimmsten Fall – sogar seinen Dienst wieder aufnimmt. Außerdem möchte die Staatsanwaltschaft Zeit gewinnen.

Am 18. Oktober 2011 verurteilte das Amtsgericht Gelsenkirchen Dirk L. wegen dieser Delikte zu einer Gefängnisstrafe von zwei Jahren und drei Monaten. Wird das Urteil rechtskräftig, kann er sich nicht mehr absetzen. Und irgendwann, so hoffen die Beamten, findet sich die Leiche der verschwundenen Polizistin Annette L. Dann hätten die Ermittler den so lange gesuchten letzten Beweis und könnten Anklage erheben.

Denn Mord verjährt nicht.

2010

Die „Lady Gaga-Hacker“

Zwei Duisburger klauen unveröffentlichte Songs von Promi-Computern

Glaubt man dem Nachrichtenmagazin SPIEGEL, stammt der Begriff „Hacker“ ursprünglich aus dem Jiddischen. Dort wird so ein ungeschickter Tischler bezeichnet. Laut SPIEGEL haben sich zuerst Studenten des Massachusetts Institute of Technology Anfang der sechziger Jahre so genannt. Ein „Hack“ war demnach eine besonders kreative technische Computerbastelei.

Erst zwanzig Jahre später wurde aus dem Studentenspaß eine politische Protestbewegung. Die ersten Hacker der 1980er Jahre verstanden ihr Tun als Kampf für Datenschutz und gegen das Datenmonopol der staatlichen Konzerne. Sie deckten Sicherheitslücken in Computersystemen auf, warnten vor dem „Big Brother“, der die Menschen ohne deren Wissen ausspäht.

Weitere zwanzig Jahre später hatte sich das Bild des Hackers in der Öffentlichkeit erneut gewandelt. Heute denken wir, wenn wir von Hackern sprechen, meistens an Jugendliche, die in fremde Rechner eindringen, um strafbare Handlungen zu begehen. So wie zwei junge Männern aus Duisburg, die im Sommer 2011 vor dem Richter standen.

Der 18-jährige Deniz A. ist jemand, den man neudeutsch als „Nerd“ bezeichnet. Ein Nerd ist einer, der seine Freizeit fast ausschließlich vor dem Computer verbringt. Jemand, der in Chatrooms lebt und quasi nur noch über E-Mails kommuniziert.

Deniz lebt auch heute noch bei seinen Eltern, die ihm seinen ersten Computer schenkten. Da war er dreizehn. Im Gegen-

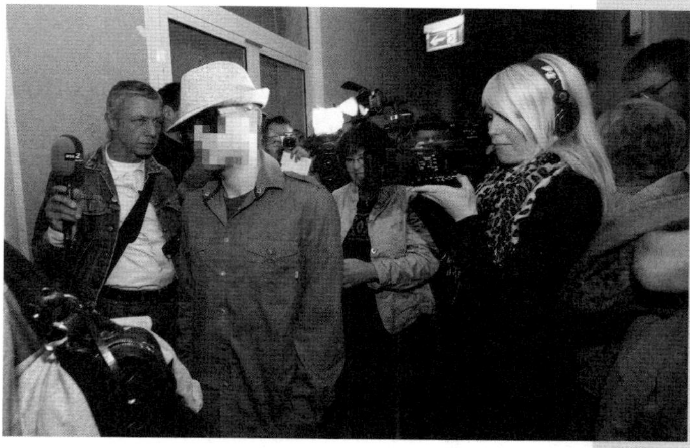

Christian M. auf dem Weg zu seiner Gerichtsverhandlung

satz zu den Erwartungen seines Vaters, der hoffte, dass Deniz den Rechner zum Lernen nutzt, spielte Deniz mit der Kiste. Oder er lud sich Musik aus dem Internet herunter, zumeist aus nicht immer legalen Tauschbörsen.

Auch der 23-jährige Christian M. tummelte sich in dieser virtuellen Welt. Auch er wohnte noch zu Hause. Anfang 2009 lernte er auf einer dieser Tauschplattformen Deniz kennen, der sich im Netz „DJ Stolen" nannte.

Ungefähr zu dieser Zeit begann Deniz' Karriere als Hacker. Auf den einschlägigen Internetseiten besorgte er sich das notwendige Know-how. Das habe nicht länger als eine halbe Stunde gedauert, erklärte er später. Er drang in die Rechner von Stars ein, checkte deren elektronische Post und verschickte von den gehackten Rechnern E-Mails, die mit einem Trojaner infiziert waren und ihm Zugang zu weiteren Computern verschafften. So knackte er unter anderem den Computer von Ke$ha. Ke$ha, einer früheren Backgroundsängerin von Britney

Spears, die mittlerweile selbst eine Superkarriere hingelegt hatte. Deniz durchsuchte ihren PC und fand dort einige Fotos, deren Veröffentlichung für Ke$ha nicht gerade karrierefördernd sein dürften. Laut Staatsanwaltschaft erpresste er den Star. Er wolle von einer Veröffentlichung der kompromittierenden Bilder absehen, dafür aber einen „Shoutout" erhalten. Und er bekam ihn auch.

Shoutouts sind die Orden der Hackerszene. Es handelt sich um eine Art Freundschaftsbeweis durch einige nette Zeilen. Zwar durch Erpressung erzwungen, aber dafür der Beweis, dass der Hacker den Rechner der betreffenden Person geknackt hatte.

Anfang 2010 fiel Deniz den Fahndern auf. Auch das FBI begann, sich für ihn zu interessieren. Im Juli hatten die Ermittler genug Belastungsmaterial gesammelt. Es kam zu einer Hausdurchsuchung. In den anschließenden Vernehmungen war Deniz geständig und erklärte, sich bei den Geschädigten entschuldigen zu wollen.

Christian gehörte auch zu dieser Szene. „Cee" nannte er sich und war unermüdlich auf der Suche nach Popsongs, die noch nicht veröffentlicht waren. Diese tauschte er im Netz. Und erntete Ruhm. Geld, so behauptete er später, interessierte ihn zu diesem Zeitpunkt noch nicht.

Deniz' Reue hingegen war nicht von langer Dauer. Nur einige Monate nach der Festnahme war er wieder im Netz unterwegs. Er verschickte erneut E-Mails mit Trojanern in einem Mailanhang. Vor allem aber tat er sich jetzt mit Christian zusammen, der ihm unveröffentlichte Musikstücke von Mariah Carey und Leona Lewis lieferte. Gemeinsam gründeten sie eine Art Shop und vertrieben die geklauten Songs zu Preisen zwischen 50 und 1.000 Dollar. Abgerechnet wurde über PayPal, einen Internetdienst, über den Bezahlvorgänge abgewickelt werden können. Rund 15.000 Euro kassierten die beiden und teilten die Beute, bis ihr Geschäft aufflog.

Zum Verhängnis wurde ihnen ein Fanclub von Kelly Clarson. Ihm boten sie unveröffentlichte Songs des Künstlers zum Kauf an. Die Fans wurden misstrauisch, schalteten die Künstleragentur des Stars ein. Und diese wiederum informierte die Polizei. Dumm gelaufen.

Bei der anschließenden Hausdurchsuchung fanden die Fahnder auf den Rechnern der beiden Duisburger jede Menge Lieder. Viele davon wurden bereits vor der regulären Veröffentlichung von den manipulierten Rechnern der Künstler gestohlen, darunter Songs von den Backstreet Boys, Usher, Enrique Iglesias und auch „No way" von Lady Gaga.

Der Schaden für die betroffenen Musiker liegt deutlich über der Summe, die die beiden Hacker eingenommen hatten. Wie es aus Kreisen der Staatsanwaltschaft heißt, hätten Musiker ihre Alben vorzeitig auf den Markt werfen oder früher auf Tournee gehen müssen als geplant.

Vor Gericht packten beide aus. Deniz' Anwalt nannte seinen Mandanten laut der WAZ „süchtig". Und die Zeitung zitierte einen an der Hausdurchsuchung beteiligten Kriminalbeamten, dass ihm Deniz vorgekommen sei wie ein „Junkie, dem man kurz vor dem Schuss die Spritze weggenommen hat".

Ihr Geständnis stimmte das Gericht milde. Christian M. wurde zu einer Haftstrafe von 18 Monaten verurteilt, die aber zur Bewährung ausgesetzt wurde. Deniz erhielt dieselbe Strafe, jedoch ohne Bewährung. Aber auch er muss nur ins Gefängnis, wenn er seine Computersucht innerhalb von sechs Monaten nicht behandeln lässt. Wie der SPIEGEL erfahren haben will, ist Deniz auf einem guten Weg. Er besitze keinen Computer mehr, heißt es, nicht einmal ein Handy.

Ausgestanden ist mit dem Urteilsspruch die ganze Angelegenheit für die beiden jedoch noch lange nicht, denn zivilrechtliche Schadensersatzklagen rollen auf die zwei Hacker zu. Vier große Schallplattenfirmen machen ihre Forderungen geltend. In Millionenhöhe.

Raub oder Mord?

Der Tod des Dattelner Kaufmanns Klaus Kandaouroff

Die Täter kamen am 29. Mai 2010 spätabends. Als der 80-jährige Geflügel-Großhändler Klaus Kandaouroff von seinem Hotel Seehof in Haltern nach Hause kam und vor seiner Villa in Datteln vorfuhr, warteten die Täter schon auf ihn. Zwei Männer rissen seine Autotür auf, drückten Kandaouroff eine Pistole an den Kopf und zerrten ihn aus dem Fahrzeug. Unmittelbar darauf fiel ein Schuss. Klaus Kandaouroff starb vor seiner Haustür. Die Täter flüchteten. Und die Polizei stand zunächst vor einem Rätsel.

Auf einem Film, den eine Überwachungskamera aufgezeichnet hatte, waren zwei Männer zu erkennen. Nur der genaue Tathergang nicht. Dem ersten Anschein nach ähnelte die Tat einer Hinrichtung. Deshalb hielten die Ermittler auch einen Auftragsmord für denkbar. Nur warum? Und wer war der Auftraggeber? Ausreichender Anlass für Spekulationen.

Am Tatort fanden die Beamten Projektilteile: ein Teilmantelgeschoss des Kalibers 357 Magnum oder 38 Spezial. Als Tatwaffe identifizierten die Polizeiexperten einen Revolver der Firma Smith & Wesson bzw. Taurus oder Sturm-Ruger.

Zwei Tage nach der Tat wurde in der Nähe des Tatorts eine Sturmhaube mit Sehschlitzen gefunden. An ihr konnten die Fahnder DNA-Spuren sicherstellen. Identische DNA hatte die Polizei mehr als vier Jahre zuvor schon bei einem anderen Verbrechen identifiziert. In der Nacht zum 7. Januar 2006 war eine vermögende Witwe in Bochum Opfer eines brutalen Raub-

Die Villa Klaus Kandaouroffs in Datteln

überfalls geworden. Die alleinstehende Frau war durch Geräusche in ihrem Einfamilienhaus aus dem Schlaf gerissen worden. Als sie der Ursache auf den Grund gehen wollte, wurde sie von zwei Männern überwältigt, auf ihr Bett geworfen und mit zerrissenem Bettzeug gefesselt. Nachdem sie auf die Frage, wo Schmuck und Geld versteckt seien, nicht sofort geantwortet hatte, schlug ihr einer der Räuber mit einer Taschenlampe mehrfach auf den Kopf und bedrohte sie mit einem Messer. Schließlich fanden die Täter den Safe im Schlafzimmer und flüchteten mit einer Beute von rund 100.000 Euro. Die Überfallene konnte sich einige Stunden später befreien und Nachbarn alarmieren. Nun kannten die Ermittler zwar die DNA, nicht aber deren Träger, da dieser in der DNA-Kartei nicht namentlich erfasst war.

Am 19. Juni 2010 setzten die Ermittler sogenannte Man-Trailer-Hunde ein. Diese Tiere sind speziell ausgebildet und können noch Wochen später dem Individualgeruch eines Menschen folgen.

Portrait auf der Website des Hotels Seehof

Die Hunde nahmen am Tatort die Spur auf und führten die Beamten schließlich bis zur A 43, Abfahrt Dülmen-Nord. Von dort verfolgten die Hunde den Fluchtweg der Täter über die Autobahn Richtung Wuppertal bis ins Ruhrgebiet, wo sie die Spur verloren. Die Ermittlungen drohten im Sande zu verlaufen.

Die Polizei, die zuvor aus ermittlungstaktischen Gründen jede Einschaltung der Öffentlichkeit abgelehnt hatte, entschloss sich nun doch, deren Hilfe in Anspruch zu nehmen. Am 3. November 2010 schauten fast fünf Millionen Zuschauer die Fernsehsendung „Aktenzeichen XY - ungelöst" mit dem Fahndungsaufruf. Und tatsächlich kam es durch die Fernsehausstrahlung zum entscheidenden Hinweis. Der Tippgeber, dessen Namen die Polizei verschweigt, um ihren Informanten zu schützen, kam aus dem unmittelbaren Umfeld der Täter.

Im Februar 2011 wurden drei Tatverdächtige festgenommen und sitzen seitdem in Untersuchungshaft: der 43-jährige Mladen P. aus Haltern, Michael M. (46 Jahre) aus Schermbeck und Volker H. (47) aus Haltern.

Kurz nach seiner Verhaftung packte Mladen P. aus. Demnach hätten Michael M. und er Klaus Kandaouroff vor dessen Haus aufgelauert, um ihn in seine Villa zu drängen und ihn zu zwingen, seinen Tresor zu öffnen. Volker H. sollte derweil im Wagen vor dem Haus „Schmiere fahren".

Mladen P. drückte dem 80-Jährigen die Waffe an den Kopf, zwang ihn aus dem Fahrzeug und drängte ihn in Richtung Haustür. Dabei habe sich, als er sich zu seinem Kumpanen umdrehte, aus Versehen der tödliche Schuss gelöst. Danach seien beide in Panik geraten und planlos geflüchtet. Volker H. habe von der ganzen Aktion zunächst nichts mitbekommen. Auf ihrer Flucht am Kanal in Richtung Haltern warfen sie ihre Sturmhauben und eine Tasche mit Fesseln weg. Die Pistole landete im Kanal. Von ihr fehlt immer noch jede Spur.

Mantrailer im Einsatz

Den Ermittlungen zufolge soll der Kroate Mladen P. sich im Rotlichtmilieu bewegt und hohe Spielschulden haben. Michael M. war als Erzieher in der Jugendhilfe in Marl tätig. Und Volker H., der schon wegen Diebstahl und Drogendelikten einsaß, versuchte sich als Selbständiger. Er wollte einen Motorradtreff aufmachen und ein Muster-Fachwerkhaus bauen.

Seit dem 17. August 2011 muss sich das Trio wegen des Todes von Kandaouroff vor dem Schwurgericht in Bochum verantworten. Die Anklage lautet in diesem Fall auf Raub mit Todesfolge. Mladen P. wird zusätzlich noch der Prozess wegen des Raubüberfalls auf die Bochumer Rentnerin gemacht. Sein damaliger Komplize ist immer noch unbekannt.

Wegen des gewaltsamen Todes von Kandaouroff drohen den Angeklagten mindestens zehn Jahre Haft. Aber auch lebenslange Haft ist möglich.

Mladen P. hatte am dritten Verhandlungstag ein schriftliches Geständnis abgelegt. Danach schien Volker H. zunächst von den Plänen des Kroaten nicht begeistert, ließ sich aber dann überzeugen und brachte schließlich Michael M. mit ins Spiel. Der Schuss sei nicht beabsichtigt gewesen, versicherte Mladen P. in seinem Geständnis erneut. „Scheiß auf die Kohle, weg hier“, sei ihm durch den Kopf geschossen und er sei geflüchtet. Die anderen beiden Täter haben im weiteren Prozessverlauf ebenfalls ein schriftliches Geständnis abgelegt.

Das Urteil soll 2012 gesprochen werden.

Spurensuche auf der A 43

Mantrailer sind speziell ausgebildete Spürhunde. Sie können – im Gegensatz zu anderen Suchhunden – verschiedene menschliche Gerüche voneinander unterscheiden und werden auch nicht von anderen Spuren abgelenkt. Dabei sind Maintrailer in der Lage, auch solche Spuren von Personen wahrzunehmen, die sich in Fahrzeugen aufhalten und sich mit diesen bewegen. Sie können auch in Gebäuden und auf bebauten Flächen eingesetzt werden. Beim Maintrailing orientieren sich die Hunde an den Duftmolekülen der Zielperson. Es muss also bekannt sein, wo sich diese aufgehalten hat, damit der Hund die Spur aufnehmen kann. Außerdem muss immer eine Duftprobe vorliegen. Ein Mensch verliert in jeder Minute tausende von Hautschuppen. Diese werden bei Bewegung verwirbelt und verstreut. Neben den eigentlichen Hautzellen befinden sich auf den Schuppen auch Spuren anderer Gerüche (Parfüms, Cremes etc.). Die Zellen der Hautschuppen und damit die Duftspuren bleiben etwa anderthalb Tage, die von roten Blutkörperchen etwa drei Monate erhalten. Die Hunde nehmen den charakteristischen Geruch auf, der bei dem Zerfallsprozess der Zellen entsteht. Dieser ist nicht mit dem Körpergeruch eines Menschen zu verwechseln. Zusätzlich haben auch klimatische Bedingungen Einfluss auf die Haltbarkeit der Fährte.
Eingesetzt werden für das Mantrailing häufig Hunderassen wie Bloodhound, Schweißhunde, Labrador Retriever oder Golden Retriever.

Zurück zum Start

Ein Spielhallenraub in Herne

Die meisten Casino-Einbrecher sind intelligent und gutaussehend. Mit Charme und Chuzpe tüfteln sie hochkomplizierte Pläne aus, arbeiten diese minutiös ab und kassieren Millionen, ohne irgendjemanden ernsthaft körperlich zu schädigen. Zu guter Letzt liegen sie tiefgebräunt an einem Südseestrand, eine blonde Schönheit zur Linken und den gekühlten Drink in der Rechten. So suggerieren uns das jedenfalls viele Hollywoodfilme.

Die Realität ist ernüchternder. Bestenfalls sind die großen und kleinen Gauner dieser Erde auch nicht gescheiter oder cleverer als wir Durchschnittsbürger. Möglicherweise nur etwas skrupelloser. Aber häufig gehen sie nun nicht gerade sehr überlegt zu Werke. Ein schönes Beispiel dafür lieferte am 2. Februar 2011 ein 26-jähriger Arbeitsloser aus Herne.

Gegen 23.00 Uhr betrat er maskiert eine Spielhalle in Herne-Süd. Mit vorgehaltener Pistole – es handelte sich um ein Spielzeug, wie sich später herausstellte – bedrohte er die Kassiererin und zwang sie zur Herausgabe der Kasseneinnahmen. Da ihm die 674 Euro nicht reichten, bediente er sich zusätzlich mit 20 Euro aus der privaten Geldbörse der eingeschüchterten Frau und schnappte sich obendrein deren Handy. Außerdem griff er sich 200 Spielmünzen.

Diese Chips ließen unserem Räuber keine Ruhe. Was sollte er mit den Dingern anfangen? Schließlich fasste er einen ebenso bestechenden wie völlig bescheuerten Plan: Er könnte ja die geklauten Münzen wieder einsetzen, um mit ihnen am Spielautomaten vielleicht weitere Einnahmen zu generieren. Also kehrte er drei Tage später just in die Spielhalle zurück, die er kurz zuvor ausgeraubt hatte. Dumm nur, dass ausgerechnet die Kassiererin anwesend war, die auch am Tag des Raubüberfalls Dienst hatte. Sie erkannte den Täter und rief die Polizei. Der Mann konnte noch in der Spielhalle festgenommen werden.

Die 13. Strafkammer des Bochumer Landgerichts verurteilte den Gauner am 11. Juli 2011 zu dreieinhalb Jahren Haft. Strafmildernd wirkte sich das Geständnis des Angeklagten aus. Strafverschärfend hingegen die Tatsache, dass er nur zwei Wochen vor dem Überfall auf die Spielhalle wegen Diebstahls bereits zu sechs Monaten auf Bewährung verknackt worden war. Es ist eben nicht jeder so clever wie George Clooney in Ocean Eleven.

Beihilfe durch die Behörden?

Der Envio-Giftskandal in Dortmund

Auf der Website www.envio-recycling.com blickt man auch im Herbst 2011 nur in strahlende Gesichter: Glückliche Mitarbeiter der Firma Envio? Wohl kaum angesichts der skandalösen Vorgänge um den PCB-„Entsorger" im Dortmunder Hafengebiet. Die Zeitleiste auf der FirmenHomepage beginnt 1984 und endet 2008 mit einem Biogas-Projekt in Südkorea. Dazwischen ein steiler internationaler Aufstieg der Envio AG. Das letzte dort dokumentierte Lebenszeichen des Unternehmens, das schließlich nur noch mit negativen Schlagzeilen von sich reden machte, stammt aus dem Sommer 2010: Envio-Geschäftsführer Dr. Dirk Neupert bittet in einem im Internet veröffentlichten Brief den neuen Arnsberger Regierungspräsidenten Dr. Gerd Bollermann (SPD) um ein Vieraugengespräch. Neben diesem als „persönlich/vertraulich" deklarierten Schreiben steht die ablehnende Antwort des RP: „Wenig zielführend", weil kein Wille zur engen und konstruktiven Zusammenarbeit erkennbar sei, ließ Bollermann antworten.

Dabei hatte die „Zusammenarbeit" von Envio und Regierungspräsidium über Jahre scheinbar reibungslos funktioniert: Envio vergiftete wissentlich und vorsätzlich (wie die Staatsanwaltschaft der ehemaligen Geschäftsleitung vorwirft) seine Mitarbeiter und Nachbarn. Die Bezirksregierung, damals noch unter Leitung des Christdemokraten Helmut Diegel, schaute weg. Auf diese Kurzform kann man es in etwa bringen, wenn man den Dortmunder PCB-Skandal mit dürren Worten beschreiben will.

Der Firmensitz in Dortmund

In Langfassung liest sich das so: Die Waffe in diesem Krimi zählt zum „dreckigen Dutzend" - weltweit. Nein, hier geht es weder um Handfeuerwaffen noch um Splitterbomben. Wenn Chemiker das „dreckige Dutzend" zitieren, ist die Rede von den zwölf giftigsten aller bekannten organischen Stoffe. PCB ist ganz vorne dabei. Und deshalb auch von der Stockholmer Konvention seit 2001 weltweit geächtet. Trotz des globalen Verbots müssen wir mit den „Polychlorierten Biphenylen" noch

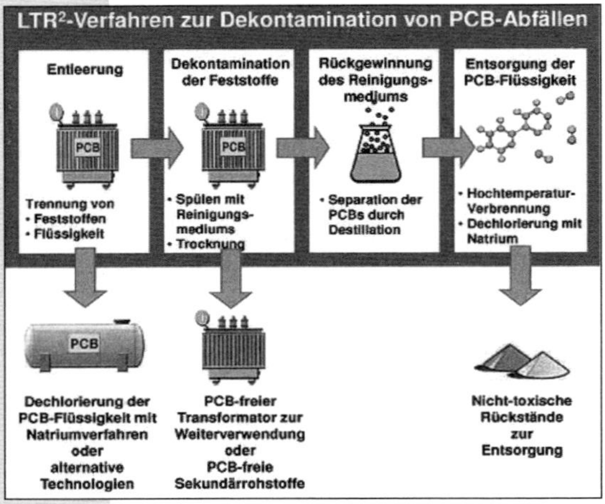

So soll es funktionieren: Grafik von der ehemaligen Envio-Website

lange leben. PCB hat sich überall auf der Erde ausgebreitet, galt über viele Jahre als unbedenklich und wurde bei der Fertigung von Kondensatoren, Elektro- und Hydraulikbauteilen und vor allem Transformatoren in Massen verwendet.

PCB ist ein Langzeitgift. Die Liste der möglichen Schäden und chronischen Erkrankungen ist lang und reicht von Haarausfall und Chlorakne über Impotenz und Genschädigung bis zum tödlichen Krebs. Da sich PCB auf natürliche Weise nur in kleinen Mengen und Schritten abbaut, muss es aufwändig und kostspielig als Sondermüll entsorgt werden. Gut, dass es da Firmen wie Envio gibt, die sich auf die Entsorgung PCB-haltiger Abfälle spezialisiert hatten.

2004 war Envio wie aus dem Nichts in Dortmund aufgetaucht. Mitten im Hafengebiet übernahm Envio, frisch geschlüpft, den Entsorgungsbetrieb des Industriekonzerns ABB. Gründer von Envio war der ehemalige ABB-Manager Dirk Neupert. Als dessen Ex-Arbeitgeber die Entsorgungssparte abstoßen wollte,

Dirk Neupert mit einem PCB-haltigen Trafo

griff er zu. Und wurde reich belohnt. Dank cleveren Managements und Marketings wurde bald der Eindruck erweckt, dass Envio zu den führenden Spezialisten weltweit gehöre. Fachwelt und Medien attestierten der Firma höchste technologische Kompetenz. Und Dortmund freute sich darüber. Ebenso wie über die Aufträge aus dem Ausland (Industrietransformatoren aus Kasachstan) und soviel Öko in der Stadt. Der damalige Umweltminister Eckhardt Uhlenberg (CDU) verlieh Envio noch 2009 sogar den Ökoprofit-Preis.

Während sich Envio an die Spitze der Entsorgung katapultierte und von wohlwollenden Prognosen begleitet an der Börse reüssierte, wurden in einer Kleingartenanlage in der Nachbarschaft des Betriebs erhöhte PCB-Werte gemessen. Die Suche nach dem Verursacher brachte kein Ergebnis. Die Firma Envio war zwar das einzige Unternehmen dort, das tagtäglich mit PCB hantierte, geriet aber nicht in Verdacht. Schließlich handelte es sich ja um einen Musterbetrieb und Technologieführer. Der doch nicht.

Ungesichert und für jeden zugänglich: Redakteure der WAZ suchen auf dem Firmengelände nach Giftstoffen und Lecks

Und Envio blieb noch länger unbehelligt, obwohl sich die Verdachtsmomente häuften. Die Kleingärtner durften inzwischen keinen Grünkohl und kein Blattgemüse aus eigenem Anbau mehr essen. Bei der Bezirksregierung Arnsberg ging 2008 eine anonyme Anzeige ein, in der Envio beschuldigt wurde, die Transformatoren unsachgemäß und umweltschädigend zu verarbeiten. Seit 2007 war aktenkundig, dass Envio Teile seiner Anlagen ohne die notwendigen Genehmigungen betrieb. Warum auch immer: Niemand schritt ein. Weder die städtischen Behörden noch die Beamten des Regierungspräsidenten. Envio schien einen Persilschein zu haben.

Als im Januar 2010 dann ein ehemaliger Mitarbeiter Envios über die katastrophalen Zustände in der Firma sprach und die Westfälische Rundschau darüber berichtete, kam der Stein endlich ins Rollen. Das von Envio eingesetzte Verfahren, „die von uns entwickelte LTR²-Technologie", eine der „fortschrittlichsten und sichersten weltweit" mit einem geschlossenen System,

Kontaminierter Schrott

in dem PCB-verseuchtes Material gereinigt werde, gab es offenbar gar nicht – oder wurde nicht eingesetzt. So wurden Trafos außerhalb der Hallen mit Schneidbrennern zerlegt und unsachgemäß gelagert. In der Dampfreinigung, in der die verseuchten Trafos behandelt wurden, gab es etliche Leckagen, durch die PCB in die Umwelt entweichen konnte. Es wurde offenbar geschludert, gepfuscht und getäuscht. Ein Schichtleiter erklärte an Eides Statt, dass Sicherheitsalarme abgeklemmt wurden und die Temperatur des Kessels wegen fehlender Kontrollinstrumente durch Handauflegen „geprüft" wurde. Wenn Besucher oder Behördenvertreter angekündigt waren, wurde ein potemkinsches Dorf aufgebaut, um den Anschein zu erwecken, dass hier ein weltweit einzigartiges geschlossenes und ungefährliches Verfahren zum Einsatz komme, das man sich auch heute noch auf der Envio-Website ansehen kann.

Die den Enthüllungen folgenden medizinischen Untersuchungen ehemaliger Mitarbeiter brachten alarmierende Ergebnisse:

Das Envio-Firmengelände im Dortmunder Hafengebiet

Bei 300 untersuchten Personen fand sich das Gift im Körper: PCB-Werte, die bis zu 25.000-fach über dem Durchschnitt lagen. Ein bis dato in Deutschland noch nie gemessener Wert. Das besonders Perfide dabei: Die meisten der kontaminierten Mitarbeiter waren nicht bei Envio angestellt, sondern über Zeitarbeitsfirmen zum PCB-„Entsorger" gekommen. Die Leiharbeiter mussten aber ihre Bekleidung zu Hause selbst reinigen. Und so wurden ahnungslose Ehefrauen und Familien ebenfalls vergiftet. Erkrankungen häuften sich und die psychische Belastung zermürbte die Betroffenen.

Am 20. Mai 2010, mehr als zwei Jahre nach den ersten alarmierenden Informationen über Envio, wurde der Dortmunder Betrieb durch die Bezirksregierung endlich stillgelegt. Während nun ans Licht kam, dass Neupert seine Firma zwischen 2006 und 2009 ohne gültige Genehmigung betrieben hatte, legte dieser Rechtsmittel gegen die Schließung des Betriebes

Diese Halle mit kontaminierten Trafos und Maschinen sollte eigentlich verschlossen und versiegelt sein

ein. Wie er überhaupt alle gegen ihn erhobenen Vorwürfe bestritt und gegen alles und jeden Rechtsmittel einlegte - mehr als 20 Klageverfahren wurden zwischenzeitlich verhandelt. Das führte unter anderem dazu, dass während des juristischen Sperrfeuers niemand mit der Dekontaminierung des Firmengeländes beginnen konnte bzw. wollte. Diese wäre aber dringend notwendig, denn der Betrieb war zwar dicht gemacht worden - aber bei weitem nicht abgedichtet. Und so blies mit jedem Windstoß neues PCB in die Dortmunder Nordstadt. Noch im Juli 2011 liefen fassungslose Reporter der WAZ-Gruppe über das frei zugängliche Firmengelände und durch die unverschlossenen Gebäude und berichteten von unglaublichen Zuständen auf dem Betriebsareal.

Da die Envio ja eine Aktiengesellschaft war, gab es auch einen Aufsichtsrat, der die Geschäfte des Vorstandes kontrollieren sollte. Alles ok, befand dieses Gremium stets, dem Dr. Tatjana Hancke vorstand. Ein für Dr. Dirk Neupert ausgesprochen praktischer Umstand, teilte er doch schon seit 13 Jahren Tisch und Bett mit Frau Dr. Hancke. Er war (und ist) sogar mit ihr verheiratet. Was natürlich die „Kontrolle“ des Unternehmens enorm vereinfachte. Als die Westfälische Rundschau im Juli 2010 diese Verflechtung bekannt machte, reagierte Envio mit einer entsprechenden Börsenmitteilung zu der pikanten Personalie. Kurz darauf legte Tatjana Hancke ihren Aufsichtsratsvorsitz nieder, blieb dem Unternehmen jedoch als „wertvolle Beraterin“ erhalten.

Am 30. November 2010 trafen sich die „Damen und Herren Aktionäre“ dann zur bislang letzten „ordentlichen Hauptversammlung“ der Envio AG. Die legte den Firmensitz nach Hamburg und tauschte die alten Envio-Aktien in Aktien der neu gegründeten „Bebra Biogas Holding AG“. Zum Kurs von 100:1. Was nicht wirklich viel ist, denn zuletzt war jede Envio-Aktie nur noch wenige Cent wert. Die Firma Bebra war auch im Herbst 2011 noch in Hamburg tätig. Die PCB-„Entsorgung“ allerdings ist inzwischen ausgelagert nach Südkorea.

Mit der faktischen Auflösung der Envio AG ist auch gleich eine weitere Frage beantwortet worden: Wer zahlt eigentlich die grob auf 5,5 Millionen Euro geschätzte Sanierung? Wie so oft wird es wohl auch in diesem Fall, immerhin einem der größten Giftskandale der letzten Jahre, auf den Steuerzahler hinauslaufen. Während auf dem verseuchten Gelände im Dortmunder Hafen gar nichts passierte, wurden fleißig Gutachten erstellt – über Envio, aber auch über die Rolle von Bezirksregierung und Stadtverwaltung. Die Gutachter kommen zu dem Schluss, dass die Envio-Leitung wissentlich gehandelt hatte – und dass die Aufsichtsorgane viel eher hätten eingreifen müssen.

Mehr als ein Jahr lang ermittelte die Staatsanwaltschaft und erhob schließlich Anklage gegen Dirk Neupert und seinen lang-

WAZ-Redakteur in der Halle 55

jährigen Betriebsleiter: Vorsätzliche Körperverletzung in 51 Fällen, unerlaubter Umgang mit gefährlichen Abfällen, unerlaubtes Betreiben einer Abfallentsorgungsanlage, unerlaubter Umgang mit gefährlichen Stoffen in einem besonders schweren Fall. Der Prozess soll im Frühjahr 2012 beginnen.

Die Ermittlungen gegen die Aufsichtsbehörden wegen Beihilfe (stillschweigende Duldung eines ungenehmigten Betriebes) wurden eingestellt, was die Landtagsfraktion der Linken auf die Palme brachte, die eine Dienstaufsichtsbeschwerde erwirkte. Weshalb jetzt die Oberstaatsanwaltschaft gegen ihre Dortmunder Kollegen ermitteln muss. Und auch die Bezirksregierung ist noch lange nicht aus dem Schneider. Enthüllungen aus dem Sommer 2011, die von den Dortmunder Grünen öffentlich gemacht wurden, belegen offenbar, dass sich die zuständige Abteilung des Regierungspräsidenten Arnsberg noch im Januar 2010 ihre Stellungnahme zu einer Anfrage der Grünen zu Envio offenbar von Dr. Dirk Neupert „absegnen“ ließ. So soll Neupert sich bedankt haben für die Zusendung und „nach gründlicher Durchsicht“ „grundsätzlich keine Bedenken“ gegen die Darstellung gehabt haben. Ein Einzelfall – oder oft geübte Praxis? Joachim Schmied, der zuständige Hauptdezernent der Bezirksregierung, wollte sich Mitte 2011 nicht mehr an die Korrespondenz mit Envio erinnern können.

Wenn die Recherchen der WDR-Redaktion von „Westpol“ zutreffen, kann der Sumpf rund um die Vorgänge bei Envio noch viel tiefer sein als vermutet: Die Reporter verfolgten die Spur der zu entsorgenden Transformatoren zurück bis nach Kasachstan. Dort fanden sie heraus, dass der Transformatoren-Deal offenbar von Boris Meckler, einem auch als Waffenhändler bekannten Deutsch-Kasachen, eingefädelt wurde. Ungeachtet seiner einschlägigen Vorstrafe genoss Meckler den direkten Kontakt zum Bundeswirtschaftsministerium und zum kasachischen Umweltministerium. Ein dubioses „Entsorgungs“-Geschäft mit höchster staatlicher Rückendeckung? Man vermag so etwas nicht zu glauben. Aber was in aller Welt machte der Umweltminister Kasachstans in Begleitung von Boris Meckler am 15. Juni 2009 beim Regierungspräsidenten in Arnsberg? Und was bedeutete die Gründung einer kasachischen Tochtergesellschaft von Envio? Die Westpol-Redaktion kommt zu dem Schluss, dass „der Wirtschaftskrimi Envio noch lange nicht aufgeklärt ist“.

Die Betroffenen, die PCB-vergifteten ehemaligen Mitarbeiter, ihre Familien und Nachbarn der Dortmunder Skandalfirma, bleiben mit ihren Erkrankungen, Sorgen und Ängsten allein. Von Schadensersatz und Schmerzensgeld können sie nur träumen. Dr. Dirk Neupert bestreitet alle Zusammenhänge und weist jede Verantwortung von sich. Inzwischen gab es zwei Todesfälle unter den ehemaligen Mitarbeitern. Ob sie in ursächlichem Zusammenhang mit einer PCB-Vergiftung stehen, wird derzeit noch untersucht.

Bilder

***Daube-Mord**: S. 11, S. 12, S. 13 aus dem Buch „Wer tötete Helmut Daube?" Kulturförderverein Ruhrgebiet, Sabine Kettler, Eva-Maria Stuckel, Franz Wegener; S. 15 Berke/Zweyer.*
***Jürgen Bartsch:** S. 17 WAZ FotoPool; S. 18 Berke/Zweyer.*
***Albrecht-Entführung:** S. 23 picture-alliance/dpa Roland Scheidemann, S. 25 picture alliance Peter Becker; S. 22 Berke/Zweyer.*
***Stadtpark-Mord:** S. 29 Berke/Zweyer.*
***Joachim Kroll:** S. 31 Berke/Zweyer; S. 32 und Seite 33 Polizeifotos (aus Filmbeitrag: „Der Mann von Nebenan", RTL II).*
***Erhard Goldbach:** S. 39, S. 40, S. 41, S. 42 Archiv Berke.*
***Ausbrecherkönig Lecki:** S. 47 WAZ FotoPool Knuth Garthe.*
***Gladbecker Geiseldrama:** S. 51 WAZ FotoPool Remo Bodo Tietz; S. 52 picture-alliance/dpa DB Ingo Wagner; S. 53 picture-alliance/dpa Hartmut Reeh; S. 54 picture-alliance/dpa Hartmut Reeh; S. 55 picture-alliance/dpa Thomas Wattenberg; S. 57 WAZ FotoPool Remo Bodo Tietz.*
***Entführung Ruhrtalbrücke:** S. 64 WAZ FotoPool Remo Bodo Tietz; S. 65 Berke/Zweyer.*
***Klavierfestival Ruhr:** S. 67 picture-alliance/dpa Franz-Peter Tschauner; S. 69 Berke/Zweyer.*
***Rhein-Ruhr-Ripper:** S. 75 picture-alliance/dpa DB Geinowski.*
***Moorhuhn:** S. 83 Phenomedia AG.*
***Satanistenmord:** S. 85 picture-alliance/dpa Bernd Thissen; S. 86 picture-alliance/dpa Franz-Peter Tschauner; S. 87 picture-alliance/dpa Roland Weihrauch.*
***Gammelfleisch-Skandal:** S. 91 WAZ FotoPool Georg Lukas.*
***Bohlen-Überfall:** S. 95 Überwachungskamera Dieter Bohlen (via clipfish.de); S. 97 WAZ FotoPool Dirk Bauer.*
***Rechter Terror:** S. 101 Bundeskriminalamt.*
***Apothekermord:** S. 103, S. 105 WAZ FotoPool Oliver Müller.*
***Prof. Broelsch:** S. 109 WAZ FotoPool Matthias Graben.*
***Mafia-Morde:** S. 113 Berke/Zweyer; S. 114 WAZ FotoPool Stefan Eickershof.*
***Mord an Obdachlosem:** S. 119 Polizeifoto.*
***Rocker-Mord:** S. 121 WAZ FotoPool Lars Fröhlich; S. 122 WAZ FotoPool Stefan Eickershof; S. 123 Berke/Zweyer; S. 124 WAZ FotoPool Martin Möller; S. 125 WAZ FotoPool Stefan Eickershof.*
***Verschwundene Polizistin:** S. 128 Fahndungsfoto Polizei NRW; S. 130 WAZ FotoPool Heinrich Jung.*
***Promi-Hacker:** S. 133 WAZ FotoPool Stefan Eickershof.*
***Kandaouroff:** S. 137 WAZ FotoPool Joachim Kleine-Büning; S. 138 Portrait von der Website des Seehofs; S. 139 WAZ FotoPool Joachim Kleine-Büning; S. 141 WAZ FotoPool Joachim Kleine-Büning.*
***Envio:** S. 145 WAZ FotoPool Helmuth Vossgraff; S. 146 Grafik von der ehemaligen Envio-Website; S. 147 WAZ FotoPool Franz Luthe; S. 148 WAZ FotoPool Dirk Bauer; S. 149 WAZ FotoPool Dirk Bauer; S. 150 WAZ FotoPool Hans Blossey; S. 151 WAZ FotoPool Dirk Bauer; S. 153 WAZ FotoPool Dirk Bauer.*

Quellen

Heitger-Bande (S. 8): Der Spiegel 45/1949 (www.spiegel.de); Wolfgang Schüler (Hrsg.): Serienmörder in Deutschland, Militzke Verlag, 2005.

Daube-Mord (S. 10): Sabine Kettler, Eva-Maria Stuckel, Franz Wegener: „Wer tötete Helmut Daube?", Kulturförderverein Ruhrgebiet, 2001.

Jürgen Bartsch (S. 16): www.wikipedia.de; www.serien-killer.com; „Ein Leben lang kurze Hosen tragen" (Film von Kai S. Pieck, 2002); www.faz.net 11.07.2011.; Der Spiegel 11.12.1967.

Albrecht-Entführung (S. 21): Bild 11.12.,12.12.,13.12.,14.12.,15.12.1971; Welt 13.12.1971, Der Spiegel 52/1971.

Stadtparkmord (S. 27): WAZ DerWesten 10.12.2007; Frankenpost 21.12.2007.

Joachim Kroll (S. 31): Bild 4.7., 5.7., 9.7.1976, Die Welt 5.7.1976; „Der Mann von nebenan" (TV-Doku, RTL II), www.wikipedia.de.

Pfahl-Mord (S. 36): WAZ DerWesten, 13.5.2011.

Ölkönig Goldbach (38): Wanne-Eickel - das Buch zur Stadt (W. Berke, Klartext Verlag 2003).

Ausbrecherkönig Lecki (S. 44): Der Spiegel, 6.2.1971, 29.12.1986; www.werner-mauss.de; www.DasErste.de.

Gladbecker Geiseldrama (S. 50): Bild 17.8.1988, 18.8.1988: Hamburger Abendblatt 17.8.1988; 18.8.1988, Der Spiegel, 28/1989; WAZ DerWesten, 22.3.2009.

Feiertagsmörder (S. 60): Der Spiegel 40/1999; www.serien-killer.com; TV-Doku „Der Serientäter Ulrich S." (WDR 2006).

Gefangen in der Ruhrtalbrücke (S. 63): Bild 9.5., 10.5., 18.5.1994.

Klavier-Festival Ruhr (S. 66): Der Spiegel 14/1995; Berliner Zeitung 20.4.1995.

Zimbo-Morde (S. 71): WAZ 29.11.1996; Berliner Zeitung 30.11.1996; FAZ 24.9.1997.

Rhein-Ruhr-Ripper (S. 73): www.wikipedia.de; Welt Online 1.6.2003; Der Spiegel, 34/2005.

Vergeltungsattentat (S. 77): WAZ Bochum, 4./5.3., 2.6, 19.8.1999; WAZ Aus dem Westen, 6.3., 22.9.1999.

Mord als Mutprobe (S. 79): www.rp-online.de, 26.5.2010; WAZ DerWesten, 21.12.2010.

Millionenbetrug mit Moorhuhn (S. 81): www.welt.de, 13.2. 2009; Zeit-Online 2002, Nr. 41.

Satanistenmord (S. 84): www.faz.net, 24.1.2002; www.wikipedia.org; www.123recht.net, 16.1.2002; www.spiegel.de; www.welt.de, 29.9.2008.

Gammelfleisch (S. 90): WAZ DerWesten, 23.1.2009; www.stern.de, 26.3.2007; www.rp-online.de, 22.11.2005; www.faz.net, 25.11.2005.

Bohlen-Überfall: (S. 94): Tagesspiegel 24.8.2007; WAZ DerWesten 3.9.2007, 20.10.2010; www.clipfish.de.

Terror von Rechts (S. 99): WAZ 12.,14.,15.16.11.2011; Frankfurter Allgemeine Sonntagszeitung, 13.11.2011; Der Spiegel 46/2011; www.spiegel.de, 7. 7.2006, 10.7.2007, 21.8.2011.

Apothekermord (S. 103): www.bild.de, 6.7.2006; www.essen45127.de, verschiedene Einträge ab dem 4.7.2006.

Starchirurg (S. 106): Der Spiegel 38/2009; Spiegel Online 12.3.2010, 5.8.2011, Süddeutsche 12.3.2010; WAZ DerWesten 10.7.2009, 22.7./18.10.2011.

Mafia-Morde (S. 111): wdr.de 14.8.2009, 14.4.2010; rp-online.de 18.9./12.11.2008, 15.4.2010; www.spiegel.de, 15.8.2007, 9.6.2011.

EC-Automaten (S. 116): www.zvt-news 27.5.2007; www.welt.de, 13.3.2007.

Mord an Obdachlosem (S. 118): www.rp-online.de, 26.5.2010; WAZ DerWesten, 21.11.2010.

Rocker-Mord (S. 121): Spiegel Online 9.10.2009, 2.11.2009; WAZ 31.3.,3.5.2010; Bild 18.5.2010, 30.8.2010.

Verschwundene Polizistin (S. 127): WAZ DerWesten 12.11., 2.7., 21.1.2010, 5.1.2011; WAZ Rhein-Ruhr 27.7., 18.10.2011; www.bild.de, 6.6.2011; www.lokalkompass.de, 22.12.2010.

Promi-Hacker (S. 132): WAZ 17.6./17.7.2011; www.stern.de 2011; Spiegel Online 16.6.2011; Der Spiegel 33/2011.

Kandaouroff-Mord (S. 136): WAZ DerWesten 17.2.2011; WAZ 16., 18.8., 12.9.2011.

Dusseliger Spielhallenraub (S. 142): WAZ Herne, 12.7.2005.

Envio-Giftskandal (S. 144): WAZ 23.11.2007, 18.1.2010, 2.8.2011; WAZ DerWesten 24.9.2010, 24.6., 28.7.2011: WDR Westpol 13.2.2011; Süddeutsche 13.8.2011.

Wolfgang Berke wurde 1954 in Wanne-Eickel geboren und sozialisiert. Studierte Sozialwissenschaften an der Ruhr-Universität Bochum. Danach arbeitete er in der Jugend- und Erwachsenenbildung, wechselte 1980 in den Journalismus. Zunächst als freier Mitarbeiter der Westdeutschen Allgemeinen Zeitung. Weitere journalistische Stationen: Redakteur bei der WAZ, Redaktionsleiter des PRINZ sowie Ressortleiter Kommunikation beim Industrie-Verband Motorrad. Seit 2001 mit eigenem Medienbüro in Bochum tätig.

Mehr unter **www.extraruhr.de**

Bibliografie

- **Oben – Haldenlandschaft Ruhrgebiet** (mit Manfred Vollmer) Klartext Verlag, Essen 2010, ISBN 978-3-8375-0411-8
- **Bilderbuch Ruhr Faszination Industriekultur** (Deutsch/Englisch, mit Manfred Vollmer), Klartext Verlag Essen, 2010, ISBN 978-3-89861-639-3
- **Über alle Berge – Haldenführer Ruhrgebiet** Klartext Verlag, Essen 2009, ISBN 978-3-8375-0170-4
- **Schönes Münsterland – Radwanderführer** „Historische Stadtkerne". Klartext Verlag, Essen 2009, ISBN 978-3-89861-957-8
- **Ruhrgebiet in Echt!** (Deutsch/Englisch, mit Manfred Vollmer), Klartext Verlag, Essen 2009, ISBN 978-3-89861-991-2
- **Grüne Route Ruhr – Fahrradführer Ruhrgebiet**, Klartext Verlag, Essen 2008, ISBN 978-3-89861-992-9
- **Erlebnis Motorrad Hamburg und der Norden** (mit Uwe Hirschmann), Klartext Verlag, Essen 2007, ISBN 978-3-89861-824-3
- **Erlebnis Motorrad Ruhrgebiet und Westfalen** (mit Uwe Hirschmann), Klartext Verlag, Essen 2006, ISBN 978-3-89861-574-7
- **Erlebnis Motorrad Stuttgart** (mit Nicolas Streblow), Klartext Verlag, Essen 2006, ISBN 978-3-89861-573-0
- **Nacht über Wanne-Eickel – Tagebuch einer Stadt**, Klartext Verlag, Essen 2005, ISBN 978-3-89861-474-0
- **Wanne-Eickel – das zweite Buch zur Stadt**, Klartext Verlag, Essen 2005, ISBN 978-3-89861-447-4
- **Erlebnis Motorrad Rheinland** (mit Uwe Hirschmann), Klartext Verlag, Essen 2004, ISBN 978-3-89861-350-7
- **Erlebnis Motorrad Ruhrgebiet** (mit Uwe Hirschmann), Klartext Verlag, Essen 2003, ISBN 978-3-89861-183-1
- **Wanne-Eickel – das Buch zur Stadt**, Klartext Verlag, Essen 2002, ISBN 978-3-89861-122-0

Jan Zweyer wurde 1953 in Frankfurt/M. geboren und wuchs in Bad Oeynhausen auf. Mitte der siebziger Jahre zog er ins Ruhrgebiet, studierte erst Architektur in Bochum und Dortmund, dann Sozialwissenschaften an der Ruhr-Universität Bochum. Zwischen den Studiengängen schrieb er als ständiger freier Mitarbeiter für die Westdeutsche Allgemeine Zeitung. Nach seiner letzten Abschlussprüfung war er zunächst als Drittmittelknecht an der Ruhr-Universität, danach viele Jahre in unterschiedlichen Funktionen für verschiedene Industrieunternehmen tätig. Heute arbeitet Zweyer als freier Schriftsteller im Ruhrgebiet. Er lebt in Herne.

Mehr unter **www.jan-zweyer.de**

Bibliografie

- **Glück Auf, Glück Ab**, Klartext-Verlag, Essen 2011, ISBN 978-3-8375-0573-3 (auch als E-Book erhältlich)
- **Alte Genossen**, Grafit-Verlag, Dortmund 1999, ISBN 3-89425-221-9 (beim Verlag vergriffen, als E-Book erhältlich)
- **Siebte Sohle, Querschlag West**, Grafit-Verlag, Dortmund 1999, ISBN 3-89425-230-8 (beim Verlag vergriffen, als E-Book erhältlich)
- **Tödliches Abseits**, Grafit-Verlag, Dortmund, 2000 ISBN 3-89425-234-0, (beim Verlag vergriffen, als E-Book erhältlich)
- **Georgs Geheimnis**, Grafit-Verlag, Dortmund, 2000 ISBN 3-89425-242-1
- **Tatort Töwerland**, Grafit-Verlag, Dortmund, 2001 ISBN 3-89425-253-7
- **Glänzender Tod**, Grafit-Verlag, Dortmund, 2002 ISBN 3-89425-263-4 (beim Verlag vergriffen, als E-Book erhältlich)
- **Verkauftes Sterben**, Grafit-Verlag, Dortmund, 2004 ISBN 3-89425-289-8 (beim Verlag vergriffen, als E-Book erhältlich)
- **Als der Himmel verschwand**, Grafit-Verlag, Dortmund, 2005 ISBN 3-89425-313-4 (beim Verlag vergriffen, als E-Book erhältlich)
- **Franzosenliebchen**, Grafit-Verlag, Dortmund, 2007 ISBN 3-89425-605-0 (auch als E-Book erhältlich)
- **Goldfasan**, Grafit-Verlag, Dortmund, 2009 ISBN 3-89425-611-1 (auch als E-Book erhältlich)
- **Persilschein**, Grafit-Verlag, Dortmund, 2011 ISBN 3-89425-615-9 (auch als E-Book erhältlich)